诚信为本

坚持准则

操守为重

不做假账

——与学习会计的同学共勉

“十四五”职业教育国家规划教材

icve 智慧职教 高等职业教育新形态一体化教材

职业教育国家在线精品课程配套教材

智能化成本核算与管理习题实训

（第三版）

▼主　编　柯于珍　谭　婧

▼副主编　刘细稳　卢芳敏

中国教育出版传媒集团

高等教育出版社·北京

内容提要

本书是"十四五"职业教育国家规划教材，也是职业教育国家在线精品课程配套教材。

本书是《智能化成本核算与管理》(第三版)教材的配套用书，编写目的是帮助学生准确地理解《智能化成本核算与管理》(第三版)的内容，更好地掌握成本核算与管理的基本理论、基本方法和基本技能。全书共分九章，内容包括成本核算的基本理论、成本核算的品种法、成本核算的分步法、成本核算的分批法、成本核算的分类法、作业成本法、成本报表的编制与分析、成本考核和成本控制。在内容安排上，每章均设有"学习目标""学习重难点""知识点回顾""典型例题分析"和"职业能力训练"。其中，职业能力训练包括的题型有单项选择题、多项选择题、判断题、简答题、业务分析题、Excel 应用实操题和仿真实训。仿真实训以工业企业为背景，以真实的证、账、表为载体，涵盖了成本核算与管理的主要业务，能有效提高学生的实际动手操作能力。Excel 应用实操题能帮助学生提升运用现代化办公系统和智能化工具熟练处理成本核算与管理工作的职业能力。

本书配有习题答案以及与课程配套的多种资源，本书使用者可通过访问"中国大学 MOOC"上的职业教育国家在线精品课程"成本核算与管理"，在线学习相关资源，亦可登录"高等教育出版社产品信息检索系统"(xuanshu.hep.com.cn)免费下载其他资源。

本书可作为高等职业院校、职业本科院校财务会计类专业及相关专业的辅助教材，也可供相关从业人员学习培训之用，还可作为教师教学的参考资料。

图书在版编目（C I P）数据

智能化成本核算与管理习题实训 / 柯于珍，谭婧主编. -- 3版. -- 北京 : 高等教育出版社，2024.6
ISBN 978-7-04-062156-3

I. ①智… II. ①柯… ②谭… III. ①智能技术－应用－成本计算－高等职业教育－教学参考资料②智能技术－应用－成本管理－高等职业教育－教学参考资料 IV. ①F231.2-39

中国国家版本馆CIP数据核字(2024)第095704号

智能化成本核算与管理习题实训(第三版)
ZHINENGHUA CHENGBEN HESUAN YU GUANLI XITI SHIXUN

策划编辑 张雅楠　　责任编辑 张雅楠　　封面设计 赵 阳　　版式设计 童 丹
责任校对 刁丽丽　　责任印制 刁 毅

出版发行 高等教育出版社
社　　址 北京市西城区德外大街 4 号
邮政编码 100120
印　　刷 三河市华润印刷有限公司
开　　本 787 mm× 1092 mm 1/16
印　　张 10.25
字　　数 220 千字
插　　页 1
购书热线 010-58581118
咨询电话 400-810-0598
网　　址 http: //www.hep.edu.cn
　　　　 http: //www.hep.com.cn
网上订购 http: //www.hepmall.com.cn
　　　　 http: //www.hepmall.com
　　　　 http: //www.hepmall.cn
版　　次 2015 年 8 月第 1 版
　　　　 2024 年 6 月第 3 版
印　　次 2024 年 6 月第 1 次印刷
定　　价 35.80 元

物 料 号 62156-00

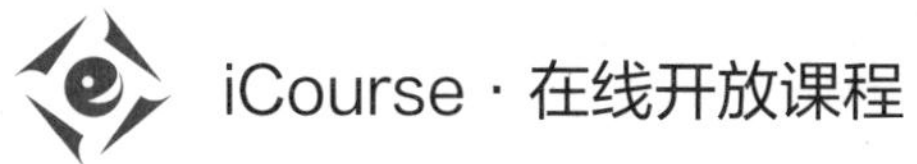
iCourse · 在线开放课程

成本核算与管理

柯于珍

中国大学MOOC
客户端
个人中心
首页 > 职教课程
成本核算与管理
成本核算与管理
分享
第8次开课
开课时间：2023年09月08日 ~ 2023年12月30日
学时安排：5
当前开课已结束
已有 1459 人参加
已参加，查看内容
课程详情
课程评价(1493)
欢迎来到《成本核算与管理》课程。本课程是江西省精品在线开放课程，是面向高职会计专业开设的专业核心课程。以“立德树人”为引领，校企“双元”合作开发，精准对接成本核算与管理岗位的实际工作任务，全面提升学生职业能力和职业素养。
—— 课程团队
8 位授课老师
柯于珍
教授

第三版前言

本教材是“十四五”职业教育国家规划教材，也是职业教育国家在线精品课程配套教材。

本教材以高等职业教育人才培养目标为依据，以职业能力培养为重点，根据高职学生的特点进行编写，培养学生在成本核算与管理岗位的实际操作能力。本教材是《智能化成本核算与管理》（第三版）教材的配套用书，编写目的是帮助学生准确地理解《智能化成本核算与管理》（第三版）的内容，更好地掌握成本核算与管理的基本理论、基本方法和基本技能。本教材在对成本核算与管理的重点问题进行归纳阐述的基础上编写了大量的理论练习题和实务操作题，以满足学生对成本核算与管理知识点的学习需求。同时，为了强化技能训练，本教材通过仿真实训，将课堂学习与岗位工作紧密结合，使学生在“做中学”，在“学中做”，切实提高学生的实际动手操作能力。本次修订增加了 Excel 应用实操题，帮助学生提升运用现代化办公系统和智能化工具的能力。本教材题型标准、信息量大、针对性强，能帮助学生在短时间内掌握“智能化成本核算与管理”课程的重点和难点。

本教材由江西财经职业学院会计学院柯于珍教授担任第一主编，谭婧副教授担任第二主编，由江西汇尔油泵油嘴有限公司财务经理刘细稳和江西财经职业学院会计学院卢芳敏老师担任副主编，参加编写的还有江西财经职业学院会计学院的万凯、胡峥峥、沈琼、赵琪、熊懿荣、席伟明、邓鹏和余晖文老师，具体的编写分工如下：第一章由柯于珍编写；第二章由刘细稳和赵琪共同编写；第三章由卢芳敏编写；第四章由谭婧编写；第五章由熊懿荣编写；第六章由胡峥峥编写；第七章由余晖文和沈琼共同编写；第八章由万凯编写；第九章由邓鹏和席伟明共同编写。最后由柯于珍教授对全书进行审核、修订、补充和总纂。

本教材在编写过程中，承蒙会计界专家和同仁指教，也得到了江西汇尔油泵油嘴有限公司、九江市三兴纺织实业有限公司等企业的大力支持和帮助，在此谨向对本书的撰写和出版给予支持和帮助的领导和同仁致以诚挚的谢意。

由于编者水平有限，书中难免有疏漏和不当之处，恳请各位同仁和读者批评指正。

编者

2024 年 5 月

目　录

第一章 成本核算的基本理论

学习目标

明确成本的含义、内容及作用，了解成本会计的任务，熟悉成本会计的工作组织，掌握成本核算的原则、基本要求和一般程序，并能根据企业的生产经营和组织特点合理确定成本核算方法。

学习重难点

学习重点：掌握成本的相关概念及成本会计的对象和职能；掌握成本核算的要求及成本核算方法的选择。

学习难点：正确理解成本的经济实质；正确划分各种费用界限。

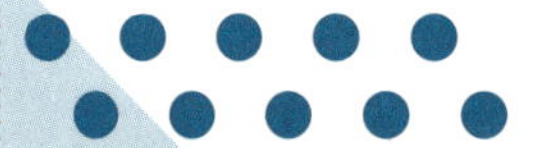

【知识点回顾】

知识点	内容
成本的概念	成本是指特定的会计主体为了达到一定的目的或目标而发生的可以用货币计量的代价
成本的作用	成本是补偿生产耗费的尺度；是制定产品价格的重要依据；是评价企业经营业绩的重要指标；是企业进行生产经营决策的重要依据
成本的内容	成本的开支范围主要包括：为制造产品而消耗的原材料、辅助材料、外购半成品和燃料的原价以及运输、装卸、整理等费用；为制造产品而消耗的动力费；企业生产车间支付给职工的工资及福利费；企业生产用固定资产的折旧费、租赁费和低值易耗品的摊销费用；企业生产车间因生产原因发生的废品损失，以及季节性、修理期间停工损失；企业生产车间为管理和组织生产而支付的办公费、差旅费，以及运输费、试验检验费和劳动保护费等
成本会计的意义	成本会计在企业中发挥成本预测、成本决策、成本计划、成本控制、成本核算、成本分析和成本考核的职能，在企业经营管理中，起到优化结构，降低成本，提高运营效率，从而提高企业效益的作用
生产费用的分类	生产费用按经济内容分类，可以分为劳动对象方面的费用、劳动资料方面的费用以及活劳动方面的费用三大类；按经济用途分类，可以分为计入产品成本的直接材料、直接人工和制造费用，以及不计入产品成本的销售费用、财务费用和管理费用
成本核算的原则	成本核算五大原则：权责发生制原则、实际成本计价原则、成本分期原则、合法性原则以及可比性原则
成本核算的基本要求	第一，严格遵守成本开支范围和费用开支标准；第二，正确划分成本费用支出界限，其中包括资本性支出与收益性支出的界限、产品成本与期间费用界限、各种产品的费用界限、完工产品与在产品费用界限；第三，认真做好成本核算基础工作；第四，正确确定财产物资的计价和价值结转方法
成本核算的程序	成本核算的一般程序有：确定成本计算对象、确定成本项目、确定成本计算期、审核和控制生产费用、归集分配生产费用、计算完工产品和在产品成本
生产的主要类型	按生产工艺过程特点，可以分为单步骤生产和多步骤生产；按生产组织的特点，可以分为大量生产、成批生产和单件生产
影响成本计算的因素	生产类型的特点和成本管理要求是确定成本计算对象以及形成成本计算方法的主要因素

【典型例题分析】

一、单项选择题

1. 下列各项中，应计入产品成本的是（　　）。

A. 固定资产报废净损失　　B. 支付的矿产资源补偿费

C. 预计产品质量保证损失　　D. 基本生产车间设备计提的折旧费

【答案】D

【分析】选项 A，计入营业外支出；选项 B，计入管理费用；选项 C，计入销售费用。

2. 下列各项中，不属于工业企业成本项目的是（　　）。

A. 直接材料　B. 折旧费　C. 制造费用　D. 直接人工

【答案】B

【分析】对于工业企业，一般可以设置直接材料、直接人工、制造费用、燃料及动力、废品损失和停工损失等成本项目。

3. 关于成本和费用的说法错误的是（　　）。

A. 费用着重于按会计期间进行归集

B. 产品成本一般以生产过程中取得的各种原始凭证为计算依据

C. 产品成本着重于按产品进行归集

D. 产品成本一般以成本计算单或成本汇总表以及产品入库单等为计算依据

【答案】B

【分析】本题考核成本和费用，产品成本一般以成本计算单或成本汇总表以及产品入库单等为计算依据。

4. 下列各项中，不应计入制造费用的是（　　）。

A. 生产工人的工资　　B. 生产车间设备租赁费

C. 生产工人的劳动保护费　　D. 生产车间财产保险费

【答案】A

【分析】生产工人的工资应计入生产成本中。

二、多项选择题

1. 下列各项中，最终会归集到生产成本中的有（　　）。

A. 生产工人的待业保险费　　B. 车间管理人员的工资

C. 生产工人的劳动保护费　　D. 生产车间经营租赁租入设备的租金

【答案】ABCD

【分析】生产工人的工资、车间管理人员的工资和车间固定资产（融资租赁除外）支出都属于产品成本，最终会归集到生产成本中。

2. 为正确核算产品成本，下列属于应该正确划分各种费用支出界限的有（　　）。

A. 收益性支出与资本性支出的界限

B. 本期完工产品和期末在产品成本的界限

C. 本期已销产品成本和未销产品成本的界限

D. 各种产品成本费用的界限

【答案】ABD

【分析】除选项 C 外，其他选项都属于要正确划分各种费用支出的界限。

3. 成本核算的一般程序包括（　　）。

A. 确定成本核算对象　　B. 确定成本项目

C. 归集所发生的全部费用　　D. 结转产品销售成本

【答案】ABCD

【分析】以上都属于成本核算的一般程序。

三、判断题

1. 产品成本一般以生产过程中取得的各种原始凭证为计算依据。（　　）

【答案】×

【分析】产品成本一般以成本计算单或成本汇总表以及产品入库单等为计算依据，费用一般以生产过程中取得的各种原始凭证为计算依据。

2. 工业企业本期发生的构成产品成本的费用，包括直接人工、直接材料、制造费用，均为直接费用。（　　）

【答案】×

【分析】制造费用不属于直接费用，属于间接生产费用。企业只有在生产一种产品的情况下，本期发生的构成产品成本的费用才均为直接费用。

3. 假设企业只生产一种产品，则直接生产费用和间接生产费用都可以直接计入该种产品成本。（　　）

【答案】√

【分析】直接生产费用和间接生产费用是相对于产品而言的，在只生产一种产品的企业中，二者可直接计入该种产品的成本。

4. 正确划分各种产品的成本界限的划分依据是权责发生制和受益原则。（　　）

【答案】×

【分析】正确划分各种产品的成本界限的划分依据是受益原则，即谁受益谁负担、何时受益何时负担，负担费用应与受益程度成正比。

5. 产品成本是由费用构成的，因此企业发生的费用就是产品成本。（　　）

【答案】×

【分析】本题考核费用与成本的关系。产品生产费用是构成产品成本的基础，而期间费用直接计入当期损益，不计入产品成本。

【职业能力训练】

一、单项选择题

1. 产品理论成本包括的内容是（　　）。

A. $c+v$　　B. $c+v+m$　　C. $v+m$　　D. $c+m$

2. 实际工作中的产品成本是指产品的（　　）。

A. 制造成本　　B. 理论成本　　C. 定额成本　　D. 重置成本

3. 产品成本是相对于（　　）而言的。

A. 一定的生产类型　　B. 一定数量和一定种类的产品

C. 一定的会计期间　　D. 一定的会计主体

4. 狭义的成本会计通常是指（　　）。

A. 成本预测　　B. 成本核算　　C. 成本决策　　D. 成本分析

5. 实际工作中的实际成本与理论成本包括的内容（　　）。

A. 是一致的　　B. 是无关的

C. 是相互联系且有一定差别的　　D. 是可以相互替代的

6. 下列支出，不计入产品成本的是（　　）。

A. 产品生产用材料　　B. 生产车间管理人员的工资

C. 劳资部门的人员工资　　D. 车间生产设备的折旧费

7. 经营管理费用即期间费用，在发生时应计入（　　）。

A. 基本生产成本　　B. 制造费用

C. 当期损益　　D. 营业外支出

8. 生产费用分为直接材料、直接人工、制造费用，是生产费用按（　　）标准进行的分类。

A. 经济内容　　B. 经济用途

C. 计入产品成本的方法　　D. 其与产品产量的关系

9. 成本会计的对象是（　　）。

A. 产品生产成本的形成

B. 各项期间费用的支出和归集

C. 生产费用和期间费用

D. 各行业企业生产经营业务成本和有关期间费用

10. 工业企业的期间费用包括（　　）。

A. 直接材料和直接人工　　B. 原材料费用、人工费用和制造费用

C. 财务费用和管理费用　　D. 财务费用、管理费用和销售费用

11. 产品成本是指企业生产一定种类、一定数量的产品所支出的各项（　　）的总和。

A. 生产费用　　B. 生产费用和期间费用

C. 管理费用　　D. 料、工、费及经营管理费用

12. 大中型企业的成本会计工作一般采取（　　）。

A. 集中工作方式　　B. 统一领导方式

C. 分散工作方式　　D. 会计岗位责任制

13. 下列各项中，属于产品生产成本项目的是（　　）。

A. 外购动力费用　　B. 制造费用

C. 工资费用　　D. 折旧费用

14. 下列各项中，属于工业企业费用要素的是（　　）。

A. 直接材料　　B. 燃料及动力

C. 直接人工　　D. 外购材料

15. 下列各项中，属于直接计入费用的是（　　）。

A. 几种产品负担的制造费用

B. 几种产品共同耗用的原材料费用

C. 一种产品耗用的生产工人工资

D. 几种产品共同负担的机器设备折旧费

16. 为了及时、正确计算产品成本，企业应做好的各项基础工作不包括（　　）。

A. 选择适当的成本计算方法

B. 材料物资的计量、收发、领退和盘点

C. 做好各项原始记录工作

D. 成本定额的制定和修订

17. 为了保证按每个成本计算对象正确地归集应负担的费用，必须将应由本期产品负担的生产费用正确地在（　　）之间进行分配。

A. 各种产品　　B. 完工产品和在产品

C. 盈利产品与亏损产品　　D. 可比产品与不可比产品

18. 下列各项中，不计入产品成本的费用是（　　）。

A. 直接材料　　B. 辅助车间管理人员工资

C. 车间厂房折旧费　　D. 厂部办公楼折旧费

19. 制造费用应分配记入（　　）账户。

A. "基本生产成本"和"辅助生产成本"

B. "基本生产成本"和"期间费用"

C. "生产成本"和"管理费用"

D. "财务费用"和"销售费用"

20. 下列各项中，属于成本但不属于"理论成本"的是（　　）。

A. 原材料费用　　B. 生产工人工资

C. 废品损失　　D. 期间费用

21. 集中核算方式和分散核算方式是指（　　）的分工方式。

A. 企业内部各级成本会计机构　　B. 企业内部成本会计职能

C. 企业内部成本会计对象　　D. 企业内部成本会计任务

22. 产品成本从耗费角度看是指商品生产中所消耗的物化劳动和活劳动中必要劳动的价值，根据这个定义，下列不属于产品成本内容的是（　　）。

A. 生产用设备的折旧费

B. 生产工人的工资

C. 劳动对象的消耗

D. 向银行借款购买劳动对象而发生的利息支出

23. 企业核算成本时，关于费用界限的划分，下列说法不正确的是（　　）。

A. 收益性支出应计入成本费用

B. 制造费用应计入生产费用

C. 为组织和管理生产经营活动而发生的费用应计入生产费用

D. 凡为生产某种产品而发生的费用应直接计入该产品的成本

24. 公司的成本分析应该在（　　）进行。

A. 事前　B. 事中　C. 事后　D. 事前、事中、事后

二、多项选择题

1. 商品的理论成本是由商品生产中所消耗的（　　）之和构成的。

A. 生产资料价值　B. 劳动者为自己的劳动所创造的价值

C. 劳动者为社会创造的价值　D. 劳动者的必要劳动

2. 广义的成本会计不仅包括成本核算，还包括（　　）。

A. 成本预测　B. 成本决策　C. 成本控制　D. 成本分析

3. 工业企业成本会计核算的对象包括（　　）。

A. 产品生产成本　B. 管理费用

C. 销售费用　D. 财务费用

4. 进行成本分析的依据有（　　）。

A. 成本决策资料　B. 成本核算资料

C. 成本计划资料　D. 成本控制资料

5. 成本会计机构根据企业生产规模大小和管理要求，其设置核算的形式一般有（　　）。

A. 集中核算方式　B. 分散核算方式

C. 全面核算方式　D. 分项目核算方式

6. 企业的成本会计工作应遵循的有关法律法规、制度有（　　）。

A. 企业财务通则　B. 企业会计准则

C. 企业内部成本会计制度　D. 企业内部会计制度

7. 成本核算的基本要求包括（　　）。

A. 严格遵守成本开支范围和费用开支标准

B. 正确确定财产物资的计价和价值结转的方法

C. 正确划分各种费用的界限

D. 做好成本核算的基础工作

8. 正确划分各种费用的界限，包括（　　）。

A. 正确划分计入产品成本和不计入产品成本的费用界限

B. 正确划分各个月份的费用界限

C. 正确划分各种产品的费用界限

D. 正确划分完工产品与在产品的费用界限

9. 成本核算的一般程序包括（　　）。

A. 确定成本计算对象，设置生产成本明细账

B. 对生产成本进行审核和控制

C. 将计入本期产品成本的费用在各种产品之间进行归集和分配

D. 将计入各种产品成本的费用在本期完工产品和期末在产品之间进行分配，结转完工产品成本

10. 不形成产品价值，但应计入产品成本的有（　　）。

A. 废品损失　　B. 季节性停工损失

C. “三包”损失　　D. 非常损失

E. 固定资产修理期间的停工损失

11. 下列各项中，属于成本会计核算和监督的内容有（　　）。

A. 营业收入的实现

B. 盈余公积的提取

C. 各项生产费用的支出和产品生产成本的形成

D. 各项期间费用的支出和归集

E. 企业利润的实现及分配

12. 企业内部各级成本会计机构之间的组织分工有（　　）。

A. 按成本会计的职能分工　　B. 按成本会计的对象分工

C. 集中工作方式　　D. 分散工作方式

E. 统一工作方式

13. 下列各项中，不属于产品生产成本项目的有（　　）。

A. 外购动力　　B. 工资费用

C. 折旧费　　D. 直接材料

E. 燃料及动力

14. 下列各项中，不属于工业企业费用要素的有（　　）。

A. 废品损失　　B. 外购燃料

C. 制造费用　　D. 直接材料

E. 应付职工薪酬

15. 不计入产品成本的费用有（　　）。

A. 生产工人工资　　B. 销售费用

C. 财务费用　　D. 管理费用

E. 产品用动力费用

16. 工业企业成本核算的一般程序包括（　　）。

A. 对企业的各项支出、费用进行严格的审核和控制

B. 正确划分各个月份的费用界限

C. 将生产费用在各种产品之间进行分配和归集

D. 将生产费用在本月完工产品与月末在产品之间进行分配和归集

E. 做好成本定额的制定和修订工作

17. 为了正确计算产品成本，在费用界限划分过程中应贯彻的原则有（　　）。

A. 成本效益原则　　B. 受益原则

C. 收付实现制原则　　D. 负担费用多少与受益程度成正比原则
E. 一致性原则

18. 费用要素中的外购材料费用，可能计入（　　）成本项目中。
A. 直接材料　　B. 直接人工
C. 制造费用　　D. 废品损失
E. 工资及福利费

19. 下列各项中，应计入产品成本的有（　　）。
A. 车间办公费　　B. 季节性停工损失
C. 车间设计制图费　　D. 在产品的盘亏损失
E. 企业行政管理人员工资

20. 产品成本项目中的原材料，包括直接用于产品生产的（　　）。
A. 原料　　B. 主要材料
C. 辅助材料　　D. 包装物
E. 修理用备件

21. 企业成本会计工作组织有集中和分散两种工作方式，在具体选用工作方式时，应考虑的因素有（　　）。
A. 企业规模的大小
B. 成本会计人员的数量和素质
C. 是否有利于成本会计作用的发挥
D. 经营管理的要求
E. 是否有利于提高工作效率

22. 在成本会计的基础工作中，建立健全的原始记录主要包括建立（　　）。
A. 材料物资的原始记录　　B. 劳动资源方面的原始记录
C. 设备使用方面的原始记录　　D. 费用开支方面的原始记录

23. 成本会计的任务有（　　）。
A. 正确计算产品成本，及时提供成本信息
B. 加强成本预测，优化成本决策
C. 制定目标成本，加强成本控制
D. 建立成本责任制，加强成本控制

24. 成本的主要作用在于（　　）。
A. 是企业对外报告的主要内容
B. 是补偿生产耗费的尺度
C. 是综合反映企业工作质量的重要指标
D. 是制定产品价格及进行生产决策的重要依据

25. 在成本核算过程中，集中核算的优点有（　　）。
A. 有利于企业管理当局及时全面地掌握成本会计的各种信息

B. 便于使用计算机集中进行成本数据处理

C. 减少成本会计机构设置的层次和成本会计人员的数量

D. 便于及时对外提供产品成本信息

三、判断题

1. 生产费用是以产品为归集对象，反映企业为生产一定种类和一定数量的产品支出的生产费用的总和。（ ）

2. 为了加强管理与考核，各个企业的成本核算制度是由国家统一规定的。（ ）

3. 企业在生产经营过程中发生的各种费用，全部构成产品的成本。（ ）

4. 工业企业成本会计的对象可以概括为工业企业生产经营过程中发生的产品生产成本。（ ）

5. 成本会计的各个环节中，成本核算是成本会计其他各环节的基础。（ ）

6. 成本计划是成本决策的前提和依据，成本决策是成本计划的延伸和结果。（ ）

7. 资本性支出应该计入本期产品成本。（ ）

8. 正确划分成本计算期体现了权责发生制原则。（ ）

9. 购置和建造固定资产、购买无形资产等发生的支出，应该计入生产经营管理费用。（ ）

10. 已经预提的费用，实际支付时计入本期的成本、费用。（ ）

11. 成本预测和计划是成本会计最基本的任务。（ ）

12. 概括地讲，成本会计的对象就是产品的生产成本。（ ）

13. 制定和修订成本定额只是为了进行成本审核，与成本计算没有关系。（ ）

14. 企业主要应根据外部有关方面的需要来组织成本会计工作。（ ）

15. 生产工人工资和福利费是产品成本项目。（ ）

16. 直接生产费用既可能直接计入费用，又可能间接计入费用。（ ）

17. “基本生产成本”账户应该按成本计算对象设置明细分类账，账内按成本项目分设专栏或专行。（ ）

18. 生产设备的折旧费用计入制造费用，因此它属于间接生产费用。（ ）

19. 产品成本项目就是计入产品成本的费用按经济内容分类核算的项目。（ ）

20. 所谓要素费用，就是生产费用按经济内容的分类。（ ）

21. 在成本会计的各个环节中，成本预测是基础，没有成本预测，其他环节都无法进行，因此也就没有了成本会计。（ ）

22. 因为成本是产品价值的组成部分，所以成本必然会通过销售收入得到补偿。（ ）

23. 成本核算是基础，没有成本核算，其他各项职能都无法进行。（ ）

24. 期间费用一般应当分配计入产品或劳务的成本。（ ）

25. 产品成本是制定产品价格的依据，但产品的市场价格还是受产品供求关系的影响。（ ）

四、简答题

1. 简要说明生产费用和产品成本的联系和区别。
2. 工业企业成本会计对象的具体内容有哪些?
3. 简要说明成本会计的作用。

第二章

成本核算的品种法

学习目标

掌握各种费用归集与分配的方法，熟练掌握成本计算的最基本的方法——品种法的实际运用，并能独立完成中小企业的成本核算工作。

学习重难点

学习重点：以产品品种为成本计算对象，归集和分配各项生产费用。

学习难点：各种费用的分配方法：如材料费用分配的定额消耗量比例法；辅助生产费用分配的交互分配法；不可修复废品净损失的计算与结转；生产费用在完工产品与在产品之间分配的约当产量法等。

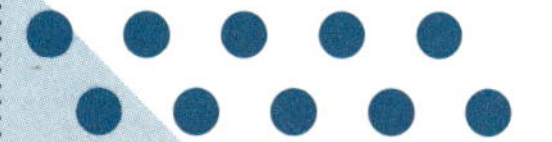

【知识点回顾】

知识点	内容
品种法的概念	品种法是指以企业生产的产品品种作为成本计算对象，来归集生产费用并计算确定产品成本的一种最基本的成本计算方法
品种法的特点	1. 以产品品种作为成本计算对象，开设生产成本明细账（成本计算单）； 2. 每月月末定期计算产品成本； 3. 有月末在产品时，需要在本期完工产品和月末在产品之间分配生产费用
材料的内容	原料及主要材料、燃料、外购动力、辅助材料、外购半成品、周转材料
职工薪酬的概念	职工薪酬是指企业为获得职工提供的服务或解除劳动关系而给予的各种形式的报酬或补偿
职工薪酬的内容	1. 短期薪酬； 2. 离职后福利； 3. 辞退福利； 4. 其他长期职工福利
辅助生产费用的概念	辅助生产费用是辅助生产车间为生产产品或提供劳务而发生的各项费用
制造费用的概念	制造费用是指企业为生产产品而发生的应该计入产品成本，但没有专设成本项目的各项费用
废品损失的含义	废品损失是指企业在生产过程中或入库后出现的不符合规定的技术标准，不能按照原定用途使用，或者需要加工修复后才能使用的在产品、半成品、产成品而发生的损失
停工损失的含义	停工损失是指企业的基本生产车间因停工而发生的费用，包括人工费用、折旧费用、维护保养费用和其他费用等
在产品的含义	在产品是指处于生产过程中尚未最终完成加工的产品，包括广义在产品和狭义在产品

【典型例题分析】

一、单项选择题

1. 某企业只生产和销售甲产品，2024 年 4 月 1 日期初在产品成本 3.5 万元。4 月份发生如下费用：领用材料 6 万元，生产工人工资 2 万元，制造费用 1 万元，行政管理部门物料消耗 1.5 万元，专设销售机构固定资产折旧费 0.8 万元。月末在产品成本 3 万元。该企业 4 月份完工甲产品的生产成本为（　　）万元。

A. 9　　B. 9.5　　C. 8.3　　D. 11.8

【答案】B

【分析】3.5+（6+2+1）−3=9.5（万元）

2. 某企业本月生产 A 产品耗用机器工时 120 小时，生产 B 产品耗用机器工时 180 小时。本月发生车间管理人员工资 3 万元，生产人员工资 30 万元。该企业按机器工时比例分配制造费用。假设不考虑其他因素，本月 B 产品应分配的制造费用为（　　）万元。

A. 1.2　　B. 1.32　　C. 1.8　　D. 1.98

【答案】C

【分析】[3÷（120+180）] ×180=1.8（万元）

3. 辅助生产成本交互分配法的交互分配，是指将辅助生产成本首先在企业内部（　　）。

A. 辅助生产车间之间分配

B. 辅助生产车间与销售部门之间分配

C. 辅助生产车间与基本生产车间之间分配

D. 辅助生产车间与行政管理部门之间分配

【答案】A

【分析】采用交互分配法分配辅助生产成本，应先根据各辅助生产车间内部相互供应的数量和交互分配前的成本分配率（单位成本）进行一次交互分配。

4. 某企业生产甲、乙两种产品，2024 年 12 月共发生生产工人工资 70 000 元，福利费 10 000 元。上述人工费用按生产工时比例在甲、乙产品间分配，其中甲产品的生产工时为 1 200 小时，乙产品的生产工时为 800 小时。该企业生产甲产品应分配的人工费用为（　　）元。

A. 28 000　　B. 32 000　　C. 42 000　　D. 48 000

【答案】D

【分析】生产甲产品应分配的人工费用 =1 200×（70 000+10 000）÷（1 200+800）= 48 000（元）

5. 某企业生产甲产品完工后发现 10 件废品，其中 4 件为不可修复废品，6 件为可修复废品，不可修复废品按定额成本计价，每件 250 元；回收材料价值 300 元，修复 6 件可修复废品，共发生直接材料 100 元，直接人工 120 元，制造费用 50 元，假定不可修复废品净损失由同种产品负担，则应转入“基本生产成本——甲产品”账户的废品净损失为（　　）元。

A. 700　　B. 1 000　　C. 970　　D. 270

【答案】C

【分析】废品净损失 =250×4−300+100+120+50=970（元）

二、多项选择题

1. 下列各项中，属于企业确定生产成本在完工产品与在产品之间的分配方法时，应考虑的具体条件有（　　）。

A. 在产品数量的多少　　B. 定额管理基础的好坏

C. 各项成本比重的大小　　D. 各月在产品数量变化的大小

【答案】ABCD

【分析】若在产品数量很少，可以采用不计算在产品成本法；若定额管理基础较好，可以采用定额成本法或定额比例法；若原材料在成本中所占比重较大，可以采用在产品按所耗原材料费用计价法；若各月在产品数量较少且数量变化较均衡，可以采用在产品按年初固定数计算法。

2. 采用定额比例法分配完工产品和月末在产品成本，应具备的条件有（　　）。

A. 各月月末在产品数量变化较大

B. 各月月末在产品数量变化不大

C. 消耗定额或成本定额比较稳定

D. 消耗定额或成本定额波动较大

【答案】AC

【分析】定额比例法适用于各项消耗定额或成本定额比较准确、稳定，但各月月末在产品数量变化较大的产品。

3. 应计入废品损失的有（　　）。

A. 生产过程中的不可修复产品

B. 产品入库后发生的不可修复费用

C. 保管不善造成的产品毁坏

D. 经质量检查部门鉴定不需要返修、可以降价出售的不合格品

【答案】AB

【分析】经质量检查部门鉴定不需要返修、可以降价出售的不合格品，以及由于保管不善等原因造成的产品毁坏不包括在废品损失内。

4. 下列各项中，应通过企业“应付职工薪酬”账户核算的有（　　）。

A. 支付职工的生活困难补助　　B. 计提职工教育经费

C. 计提职工的医疗保险　　D. 为职工购买的商业保险

【答案】ABCD

【分析】以上四个选项均通过“应付职工薪酬”账户核算。

5. 下列各项中，计算废品净损失应考虑的因素有（　　）。

A. 应收的过失人赔偿款　　B. 不可修复废品的生产成本

C. 可修复废品的修复费用　　D. 可修复废品的生产成本

【答案】ABC

【分析】废品净损失是指在生产过程中发生的和入库后发现的不可修复废品的生产成本，以及可修复废品的修复费用，扣除回收的废品残料价值和应收赔偿款以后的损失。

6. 下列各项中，关于品种法的表述正确的有（　　）。

A. 品种法广泛适用于单步骤、大量大批生产的企业

B. 品种法广泛适用于单件小批生产的企业

C. 品种法定期计算产品成本

D. 品种法成本核算对象是产品品种

【答案】ACD

【分析】品种法适用于单步骤、大量大批生产的企业，如发电、供水、采掘等企业。品种法的主要特点有：一是成本核算的对象是产品品种。二是品种法一般定期（每月月末）计算产品成本。三是月末一般不存在在产品，如果有在产品，数量也很少。

三、判断题

1. 发电、供水、采掘等单步骤、大量大批生产的企业宜采用品种法计算产品成本。(　　)

【答案】√

【分析】单步骤、大量大批生产的企业适用于品种法。

2. 采用顺序分配法分配辅助生产费用，其特点是受益少的先分配，受益多的后分配，先分配的辅助生产车间不负担后分配的辅助生产车间的费用。(　　)

【答案】√

【分析】顺序分配法是辅助生产车间按受益大小排序，受益少的排在前面先分配费用，受益多的排在后面后分配费用，先分配的辅助生产车间不负担后分配的辅助生产车间的费用。

3. 不单独核算废品损失的企业，相应的费用直接反映在“制造费用”和“营业外支出”账户中。(　　)

【答案】×

【分析】废品损失也可不单独核算，相应费用等可体现在“基本生产成本”“原材料”等账户中。

四、不定项选择题

某工业企业大量生产甲、乙两种产品。该企业采用品种法计算产品成本，适用的增值税税率为 13%。2024 年 5 月份，该企业发生的有关经济业务如下：

(1) 5 月份开始生产甲、乙两种产品，当月投产甲产品 270 件，耗用材料 4 800 千克；投产乙产品 216 件，耗用材料 4 000 千克。材料每千克成本为 40 元，原材料按生产进度陆续投入。

(2) 5 月份发生生产工人薪酬 100 000 元，总部管理人员薪酬 30 000 元、制造费用 80 000 元。期末按生产工时比例在甲、乙两种产品之间分配职工薪酬和制造费用。当月，甲、乙两种产品的生产工时分别为 600 小时、400 小时。

(3) 月末，按约当产量法在完工产品和在产品之间分配材料费用、职工薪酬和制造费用。当月，甲产品完工 230 件，月末在产品 40 件，在产品完工进度为 50%；乙产品完工 184 件，月末在产品 32 件，在产品完工程度为 50%。

(4) 本月发出甲产品 200 件，其中，销售甲产品 150 件（符合收入确认条件），每件不含税售价为 1 500 元，与计税价格一致；50 件用于企业仓库建设，该工程尚未完工。

要求：根据上述资料，假定不考虑其他因素，分析回答下列题目。

1. 根据资料 (1)，下列各项中，关于甲、乙两种产品耗用材料会计处理表述正确的是(　　)。

A. 生产产品领用材料时，借记“制造费用”账户，贷记“原材料”账户

B. 生产产品领用材料时，借记“生产成本”账户，贷记“原材料”账户

C. 甲产品的材料费用为 192 000 元

D. 乙产品的材料费用为 160 000 元

【答案】BCD

【分析】生产领用的材料成本计入生产成本，车间管理部门领用的材料成本计入制造费用，所以选项 A 错误，选项 B 正确；甲产品耗用材料费用 =4 800×40=192 000（元），选项 C 正确；乙产品耗用材料费用 =4 000×40=160 000（元），选项 D 正确。

2. 根据资料（2），下列各项中，关于甲产品分配职工薪酬和制造费用结果正确的是（　　）。

A. 职工薪酬为 78 000 元　　B. 制造费用为 66 000 元

C. 制造费用为 48 000 元　　D. 职工薪酬为 60 000 元

【答案】CD

【分析】职工薪酬的分配率 =100 000÷（600+400）=100

甲产品应分配的职工薪酬 =100×600=60 000（元）

制造费用的分配率 =80 000÷（600+400）=80

甲产品应分配的制造费用 =80×600=48 000（元）

3. 根据资料（1）至（3），下列各项中，关于甲完工产品成本计算正确的是（　　）。

A. 直接人工为 55 200 元　　B. 直接材料为 176 640 元

C. 产品成本总额为 276 000 元　　D. 制造费用为 44 160 元

【答案】ABCD

【分析】甲完工产品直接材料成本 =[192 000÷(230+40×50%)]×230=176 640(元)

甲完工产品直接人工 =［60 000÷（230+40×50%）］×230=55 200（元）

甲完工产品制造费用 =［48 000÷（230+40×50%）］×230=44 160（元）

甲完工产品总成本 =176 640+55 200+44 160=276 000（元）

4. 根据资料（3），该企业在确定是否采用约当产量法时，应考虑的因素是（　　）。

A. 各项成本比重大小　　B. 在产品数量多少

C. 定额管理基础好坏　　D. 各月在产品数量变化大小

【答案】ABD

【分析】约当产量法适用于产品数量较多，各月在产品数量变化较大，但生产成本中直接材料和直接人工等成本的比重相差不大的产品。

【职业能力训练】

一、单项选择题

1. 企业的管理费用、财务费用和销售费用这三部分费用应属于企业的（　　）。

A. 直接费用　　B. 间接费用　　C. 期间费用　　D. 制造费用

2. 下列各项中，属于产品成本的成本项目的是（　　）。

A. 期间费用　　B. 折旧费　　C. 外购材料　　D. 制造费用

3. “基本生产成本”账户归集的材料费用是（　　）。

A. 生产车间一般消耗的材料费用　　B. 生产产品耗用的材料费用

C. 辅助生产领用的材料费用　　D. 厂部管理部门耗用的材料费用

4. 多种产品共同耗用若干种材料时，其材料费用的分配适合采用（　　）。

A. 产品重量比例分配法　　B. 产品产量比例分配法

C. 定额费用比例分配法　　D. 定额消耗量比例分配法

5. 下列耗费支出不能计入产品成本的项目是（　　）。

A. 支付的车船税、房产税等　　B. 生产车间厂房的折旧费

C. 外购的燃料及动力费　　D. 有助于产品形成的辅助材料

6. 属于可修复废品损失的内容是（　　）。

A. 残料入库价值　B. 修复费用　　C. 废品成本　　D. 过失人赔偿款

7. 废品的残料价值和应收的赔偿款，应从“废品损失”账户（　　）转出。

A. 借方　　B. 贷方　　C. 余额　　D. 不确定

8. 因季节性停产和修理期间停产而发生的所有费用，应记入（　　）账户。

A. “制造费用”　　B. “停工损失”

C. “辅助生产成本”　　D. “基本生产成本”

9. 产品成本计算品种法应按（　　）开设基本生产成本明细账。

A. 产品加工步骤　　B. 产品品种

C. 产品类别　　D. 产品批别

10. 适用于单步骤、大量大批生产的产品成本计算方法是（　　）。

A. 品种法　　B. 分步法　　C. 分批法　　D. 定额法

11. 在各种成本计算方法中，（　　）是最基本的成本计算方法。

A. 分类法　　B. 分批法　　C. 分步法　　D. 品种法

12. 品种法适用的生产组织方式是（　　）。

A. 单件生产　　B. 大量大批生产

C. 大量小批生产　　D. 大量成批生产

13. 下列单据中，不应作为记录材料消耗数量原始依据的是（　　）。

A. 领料单　　B. 限额领料单

C. 退料单　　D. 账存实存对比单

14. 下列各项中，不计入“直接人工”成本项目的是（　　）。

A. 产品生产工人工资

B. 车间管理人员工资

C. 按产品生产工人工资提取的福利费等其他薪酬

D. 产品生产工人的奖金

15. 某企业采用计划成本法分配辅助生产费用时，应将生产车间实际发生的费用与按计划单位成本分配转出的费用之间的差额记入（　　）账户。

A. 制造费用 B. 管理费用 C. 生产费用 D. 销售费用

16. 经鉴定不需要返修就可以降价出售的不合格品，其售价与生产成本的差额体现为（ ）。

A. 废品损失 B. 销售损益 C. 修复费用 D. 营业外支出

17. 机器设备大修理期间的停工损失，列作（ ）。

A. 制造费用 B. 销售费用 C. 管理费用 D. 长期待摊费用

18. “制造费用”账户（ ）。

A. 一般有借方余额

B. 一般有贷方余额

C. 转入“本年利润”账户后，期末无余额

D. 除季节性生产企业外，期末无余额

19. 采用生产工人工时分配法分配制造费用，分配标准是（ ）。

A. 该企业单位产品生产工人工时 B. 该企业产品生产工人工时

C. 该企业单位产品生产工时 D. 该企业单位产品定额工时

20. 下列各项中，企业生产产品耗用的外购半成品费用应归类的成本项目是（ ）。

A. 直接材料 B. 制造费用 C. 燃料及动力 D. 直接人工

21. 采用计划费用分配率分配制造费用时，“制造费用”账户（ ）。

A. 应有借方余额 B. 应有贷方余额

C. 只有年末有借方余额 D. 年末差额分配结转后，应无余额

22. 不计算在产品成本法的适用范围是（ ）。

A. 在产品数量较多，且各月数量大体稳定

B. 在产品数量较少，且各月数量变动不大

C. 材料费用占产品成本的比重较大

D. 在产品已接近完工

23. 采用约当产量法，如果产品生产过程中直接人工费用和制造费用的发生都比较均衡，在产品直接人工费用和制造费用项目的完工程度可以按（ ）计算。

A. 25% B. 50% C. 60% D. 100%

24. 某厂生产的甲产品顺序经过第一、第二两道工序加工，原材料在第一道工序生产开始时投入90%，在第二道工序生产开始时投入10%，则第二道工序的月末在产品投料率为（ ）。

A. 10% B. 90% C. 5% D. 100%

25. 某厂生产的甲产品顺序经过第一、第二两道工序加工，单位产品定额工时为100小时，其中，第一道工序为60小时，第二道工序为40小时，各工序加工费用发生比较均衡，则第二道工序的月末在产品完工率为（ ）。

A. 20% B. 40% C. 80% D. 100%

26. 品种法在本期完工产品和期末在产品之间分配生产费用的特点是（ ）。

A. 没有在产品，不需要分配

B. 通常有在产品，需要分配

C. 管理上不要求分步计算成本的多步骤生产通常有在产品，需要分配

D. 单步骤、大量大批生产都有在产品，需要分配

27. 品种法成本计算期的特点是（　　）。

A. 定期按月计算成本，与生产周期一致

B. 定期按月计算成本，与会计报告期一致

C. 不定期计算成本，与生产周期一致

D. 不定期计算成本，与会计报告期一致

28. 下列辅助生产费用分配方法中，不在辅助生产单位之间分配费用的方法是（　　）。

A. 直接分配法　　B. 交互分配法

C. 代数分配法　　D. 计划成本分配法

29. 甲公司有供电和供水两个辅助生产车间，2024 年 1 月供电车间供电 80 000 度，费用 120 000 元，供水车间供水 5 000 吨，费用 36 000 元，供电车间耗用水 200 吨，供水车间耗用电 600 度，甲公司采用直接分配法进行核算，则 2024 年 1 月供水车间的分配率是（　　）。

A. 7.375　　B. 7.625　　C. 7.2　　D. 7.5

30. 某企业有甲、乙两个辅助生产车间，采用交互分配法分配辅助生产费用。某月交互分配前，甲、乙两个车间归集的辅助生产费用分别为 75 000 元和 90 000 元。甲车间向乙车间交互分配辅助生产费用 2 500 元，乙车间向甲车间交互分配辅助生产费用 3 000 元。当月，甲车间向辅助生产车间以外的受益部门分配的辅助生产费用为（　　）元。

A. 75 000　　B. 74 000　　C. 75 500　　D. 72 500

31. 某企业只生产一种产品，采用约当产量法将生产费用在完工产品和在产品之间进行分配，材料在产品投产时一次性投入。月初在产品直接材料为 10 万元，当月耗用材料成本为 50 万元，当月完工产品 30 件，月末在产品 30 件，完工程度 60%，本月完工产品成本中直接材料为（　　）万元。

A. 30　　B. 22.5　　C. 25　　D. 37.5

32. 下列各项中，应计入废品损失的是（　　）。

A. 可修复废品的修复费用

B. 实行“三包”企业的产品出售后发现的废品

C. 产品入库后因保管不善发生的变质净损失

D. 可修复废品返修前发生的生产费用

33. 某企业产品入库后发生可修复废品一批，生产成本 14 万元，返修过程中发生材料费用 1 万元、人工费用 2 万元、制造费用 3 万元，废品残料作价 0.5 万元已回收入库。假定不考虑其他因素，该批可修复废品的净损失为（　　）万元。

A. 14　　B. 5.5　　C. 19.5　　D. 20

34. 康辉矿业公司是一家从事矿石采掘的企业，它适宜采用的成本计算方法是（　　）。

A. 品种法　　B. 分批法

C. 定额法　　D. 分类法

35. 江南公司是一家酿酒企业，该企业生产的产品月末在产品数量多且变化较大，用于酿酒的原料高粱、小麦等在产品成本总额中所占比重较大，达 80% 以上，其月末在产品成本的计算可采用（　　）的方法。

A. 不予计算在产品　　B. 按年初数固定计算

C. 在产品只分担材料费用　　D. 在产品只分担制造费用

二、多项选择题

1. 企业的生产费用按照经济内容分类的项目有（　　）。

A. 折旧费　　B. 直接材料

C. 外购动力　　D. 直接人工

E. 其他支出

2. 在月薪制下，计算应付职工计时工资的因素有（　　）。

A. 生产工时　　B. 出勤天数

C. 日工资率　　D. 月标准工资

E. 废品数量

3. 下列有关交互分配法的说法中，正确的有（　　）。

A. 这种方法提高了分配的正确性

B. 需要计算两次费用分配率

C. 主要适用于辅助生产车间内部相互提供产品和劳务不多的情况

D. 各辅助生产车间交互分配后的实际费用等于交互分配前的费用加上交互分配转入的费用，减去交互分配转出的费用

E. 这种方法减少了成本分配的工作量

4. 某机械制造厂具有下列各个车间，其中属于辅助生产车间的有（　　）。

A. 供电车间　　B. 铸造车间

C. 机加工车间　　D. 供水车间

E. 装配车间

5. 常用的辅助生产费用分配方法包括（　　）。

A. 计划成本分配法　　B. 定额比例分配法

C. 交互分配法　　D. 约当产量法

E. 直接分配法

6. 在以下方法中，能够用来分配制造费用的方法有（　　）。

A. 约当产量法　　B. 生产工时比例法

C. 直接分配法　　D. 年度计划分配率分配法

E. 生产工人工资比例法

7. 在计算可修复废品净损失时，应该考虑的因素有（ ）。

A. 废品的残值
B. 修复废品的材料费用
C. 可修复废品的成本
D. 修复废品的人工费用
E. 废品的应收赔偿款

8. 生产费用在完工产品与在产品间分配的方法，应该考虑（ ）。

A. 在产品的种类
B. 各月月末在产品数量变化趋势
C. 在产品的数量
D. 定额管理基础的好坏
E. 各项费用比重的大小

9. 广义在产品包括（ ）。

A. 在企业需继续加工的半成品
B. 尚未验收入库的产品
C. 已验收入库的对外销售的自制半成品
D. 正在车间加工中的在产品
E. 等待返修的废品

10. 月末在产品成本在采用约当产量法计算时，在产品的约当产量应按（ ）来计算。

A. 完工入库产品比例
B. 完工程度
C. 产品等级比例
D. 投料程度
E. 废品比例

11. 生产费用在完工产品与月末在产品之间的分配，在采用定额成本法计算时，一般应该满足的条件包括（ ）。

A. 各月月末在产品数量变化不大
B. 各月月末在产品数量变化较大
C. 各项消耗定额或费用定额经常变动
D. 各项消耗定额或费用定额比较稳定
E. 各项消耗定额或费用定额比较准确

12. 产品成本计算的品种法是一种（ ）。

A. 一般需要计算在产品成本的方法
B. 要求按批别计算成本的方法
C. 最基本的成本计算方法
D. 以产品品种为成本计算对象的方法
E. 产品成本计算期与产品的生产周期一致的方法

13. 适合采用品种法计算产品成本的有（ ）。

A. 发电厂
B. 铁矿企业
C. 汽车制造厂
D. 造船厂
E. 服装厂

14. 产品成本计算的品种法适用的企业有（　　）。

A. 多步骤、大量大批生产企业

B. 单步骤、大量大批生产企业

C. 管理上不要求分步计算产品成本的多步骤、大量大批生产企业

D. 小批、单件、多步骤生产企业

E. 管理上要求分步计算产品成本的多步骤、大量大批生产企业

15. 产品成本计算的品种法的主要特点包括（　　）。

A. 不分批计算产品成本　　B. 以产品品种为成本计算对象

C. 成本计算期与会计报告期一致　　D. 不分步计算产品成本

E. 不计算自制半成品成本

三、判断题

1. 多种产品共同耗用材料费用的分配方法，视具体情况可采用定额消耗量比例、产品数量比例、重量比例、面积比例等方法，这些方法的区别只是分配标准不同。（　　）

2. 原材料费用分配表是根据领、退料凭证和有关资料编制的。（　　）

3. 机器工时比例法适用于产品生产的机械化程度较高的车间。（　　）

4. 企业月末已领未用的材料，由于金额较小，所以计入领用当月的生产费用中进行核算。（　　）

5. 考勤记录的形式有考勤簿和考勤卡，这两种考勤记录都是按照车间或部门设置的。（　　）

6. 工资费用在分配时，当月支付的工资都是上月应付工资。（　　）

7. 企业从金工车间转给装配车间继续加工的自制半成品，必须通过“自制半成品”账户进行核算。（　　）

8. 单独核算废品损失和停工损失的企业，可以增设相应明细科目。（　　）

9. 辅助生产车间发生的各种生产费用都直接记入“辅助生产成本”账户。（　　）

10. 企业的生产车间如果只生产一种产品，其发生的制造费用就不需要进行分配，直接转入该种产品的生产成本中。（　　）

11. 在不单独组织废品损失核算的企业中，其可修复废品的修复费用应计入有关的成本项目。（　　）

12. 在按废品所耗定额费用计算不可修复废品生产成本时，不考虑废品实际发生的生产费用是多少。（　　）

13. 因季节性停工所发生的各项费用，应作为停工损失核算。（　　）

14. 企业辅助生产费用分配时采用顺序分配法，辅助生产车间受益少的先分配，受益多的后分配。（　　）

15. 季节性生产企业设置的“制造费用”账户，月末结账后无余额。（　　）

16. 企业基本生产车间发生的其他费用，与产品生产没有直接关系，不应计入产品

成本。（　　）

17. 辅助生产费用分配采用的直接分配法，是依据辅助生产费用明细账归集的待分配费用总额，直接分配给各受益单位或部门，不考虑各辅助生产车间之间相互提供劳务的一种分配方法。（　　）

18. 如果各月月末在产品数量很少，可以不计算月末在产品成本。（　　）

19. 约当产量法适用于月末在产品数量大、各月月末在产品数量变化也较大、其原材料费用在成本中所占比重较大的产品。（　　）

20. 材料在生产开始一次投入时，在产品无论完工程度如何，都应该和完工产品负担同样的材料成本。（　　）

21. 采用在产品按定额成本计价法分配完工产品与月末在产品之间的生产费用，定额成本与实际成本的差异由在产品分担。（　　）

22. 企业应当根据生产经营特点、生产经营组织类型和成本管理要求，选择恰当的成本计算对象，确定成本计算方法。（　　）

四、业务分析题

业务分析题一

（一）目的：训练材料费用分配的定额消耗量比例分配法。

（二）资料：江南制造厂生产甲、乙、丙三种产品。2024 年 9 月三种产品共同耗用 A 材料 20 000 千克，每千克 15 元，总金额为 300 000 元。三种产品本月投产量分别为 2 000 件、1 200 件和 1 800 件。三种产品的 A 材料定额消耗量分别为 3 千克 / 件、2.5 千克 / 件和 5 千克 / 件。

（三）要求：采用定额消耗量比例分配法分配 A 材料费用，完成材料费用分配表（见表 2–1）。

表 2–1　材料费用分配表

（定额消耗量比例分配法）

2024 年 9 月

材料名称：A 材料　　　　金额单位：元

产品名称	产品投产量 / 件	单位消耗定额 / 千克	定额消耗总量 / 千克	分配率	应分配材料费用
甲产品					
乙产品					
丙产品					
合计					

业务分析题二

（一）目的：训练定额费用比例分配法。

（二）资料：某企业生产 A、B 两种产品，共同领用甲、乙两种材料，合计 17 232 元。本月生产 A 产品 60 件，B 产品 50 件。A 产品材料消耗定额：甲材料 8 千克，乙材料 6 千克；B 产品材料消耗定额：甲材料 5 千克，乙材料 4 千克。甲材料单价 12 元，乙材料单价 10 元。

（三）要求：采用定额费用比例分配法分配 A、B 两种产品共同耗用的材料费用，完成材料费用分配表（见表 2–2）。

表 2–2 材料费用分配表

（定额费用比例分配法）

2024 年 9 月　　金额单位：元

产品名称	甲材料定额费用			乙材料定额费用			总定额费用	分配率	应分配材料费用
	产量 / 千克	单位定额费用	定额费用	产量 / 千克	单位定额费用	定额费用			
A 产品									
B 产品									
合计									

业务分析题三

（一）目的：训练计时工资的计算。

（二）资料：江南制造厂铸造车间职工李强月标准工资 2 240 元，2024 年 9 月份出勤 19 天，请病假 2 天，事假 1 天，双休日 8 天，病假扣款比例为 20%。各种津贴和补贴 540 元，奖金 600 元，交通补助费 100 元，应扣水电费 30 元，住房租金 200 元，住房公积金 330 元。

（三）要求：请采用月薪制计算：

1. 李强本月的应付计时工资是多少？请以 21.75 天计算。
2. 李强本月的实发工资是多少？

业务分析题四

（一）目的：训练计件工资的计算。

（二）资料：江南制造厂的某生产小组由甲、乙、丙、丁 4 人组成，假设每人每天工作 8 小时，本月共生产 A 产品 1 000 件，每件 4.50 元，B 产品 96 件，每件 1.50 元。

（三）要求：请填写计件工资计算表（见表 2–3），分配小组成员计件工资。

表 2–3 计件工资计算表　　金额单位：元

姓名	小时工资率	实际工作时间		分配标准	分配率	个人应得工资
		天	小时			
甲	2	18				
乙	2.5	20				
丙	1.5	21				
丁	4	19				
合计						

业务分析题五

（一）目的：训练工资费用的分配。

（二）资料：某企业 2024 年 9 月份工资结算汇总表如表 2-4 所示。

表 2-4　工资结算汇总表

2024 年 9 月　　　　单位：元

项目		计时工资	计件工资	应扣工资		综合奖	工资性津贴			应付工资	代扣款项				实发工资
				事假工资	病假工资		夜班津贴	副食品补贴	粮价补贴		房租	家属医药费	伙食费	小计	
一车间	生产工人	15 238	5 306	84	46	1 620	266	720	420		1 160	160	680		
	管理人员	2 480				180		60	30		90	80	210		
二车间	生产工人	14 650	4 180		56	2 300	224	650	250		924	119	570		
	管理人员	2 240				240		60	30		80		190		
辅助生产车间		4 640				160		80	40						
企业管理部门		9 600		15	20	340		300	150		740	130	400		
销售部门		640			340			60			40	30			
合计															

（三）要求：

1. 完成工资结算汇总表（见表 2-4）的计算填制。

2. 一车间加工生产甲、乙两种产品，已知甲产品实耗工时为 2 200 小时，乙产品实耗工时为 1 750 小时，二车间只生产丙产品，按产品生产工时比例法分配直接人工费用。填制“工资费用分配表”（见表 2-5）。

3. 编制工资分配的会计分录。

表 2-5　工资费用分配表

2024 年 9 月　　　　金额单位：元

应借科目		生产工人工资			工资总额
		实耗工时 / 小时	分配率	应分配费用	
基本生产成本	甲产品				
	乙产品				
	小计				
	丙产品				

续表

应借科目		生产工人工资			工资总额
		实耗工时 / 小时	分配率	应分配费用	
辅助生产成本					
制造费用	一车间				
	二车间				
	小计				
管理费用					
销售费用					
合计					

业务分析题六

（一）目的：训练辅助生产费用分配的直接分配法。

（二）资料：江南制造厂设有供电和供水两个辅助生产车间。2024 年 9 月供电车间直接发生的待分配费用为 22 100 元，供水车间直接发生的待分配费用为 28 000 元。两个车间本月提供劳务量见表 2–6。

表 2–6 辅助生产车间提供劳务量表

2024 年 9 月

受益车间、部门		供电数量 / 千瓦时	供水数量 / 吨
辅助生产车间	供电车间		800
	供水车间	1 000	
基本生产一车间	甲产品耗用	3 000	
	一般消耗	800	4 000
基本生产二车间	乙产品耗用	4 000	
	一般消耗	600	3 200
管理部门		1 600	2 000
合计		11 000	10 000

（三）要求：采用直接分配法分配辅助生产费用，填写辅助生产费用分配表（见表 2–7）并编写会计分录。

表 2–7 辅助生产费用分配表

（直接分配法）

2024 年 9 月　　金额单位：元

辅助生产车间名称	供电车间	供水车间	金额合计
待分配费用			

续表

辅助生产车间名称		供电车间	供水车间	金额合计
对外提供劳务数量				
费用分配率				
甲产品耗用	数量			
	金额			
一车间一般消耗	数量			
	金额			
乙产品耗用	数量			
	金额			
二车间一般消耗	数量			
	金额			
管理部门	数量			
	金额			
分配费用小计				

业务分析题七

（一）目的：训练辅助生产费用分配的交互分配法。

（二）资料：同业务分析题六的资料。

（三）要求：采用交互分配法分配辅助生产费用。填写辅助生产费用分配表（见表 2-8）并编写会计分录。

表 2-8　辅助生产费用分配表

（交互分配法）

2024 年 9 月　　金额单位：元

项目			交互分配			对外分配		
辅助生产车间			供电车间	供水车间	合计	供电车间	供水车间	合计
待分配费用								
劳务数量								
费用分配率								
辅助生产车间耗用	供电车间	数量						
		金额						
	供水车间	数量						
		金额						

续表

<table>
<tr><th colspan="2">项目</th><th colspan="3">交互分配</th><th colspan="3">对外分配</th></tr>
<tr><th colspan="2">辅助生产车间</th><th>供电车间</th><th>供水车间</th><th>合计</th><th>供电车间</th><th>供水车间</th><th>合计</th></tr>
<tr><td rowspan="2">甲产品耗用</td><td>数量</td><td></td><td></td><td></td><td></td><td></td><td></td></tr>
<tr><td>金额</td><td></td><td></td><td></td><td></td><td></td><td></td></tr>
<tr><td rowspan="2">一车间一般消耗</td><td>数量</td><td></td><td></td><td></td><td></td><td></td><td></td></tr>
<tr><td>金额</td><td></td><td></td><td></td><td></td><td></td><td></td></tr>
<tr><td rowspan="2">乙产品耗用</td><td>数量</td><td></td><td></td><td></td><td></td><td></td><td></td></tr>
<tr><td>金额</td><td></td><td></td><td></td><td></td><td></td><td></td></tr>
<tr><td rowspan="2">二车间一般消耗</td><td>数量</td><td></td><td></td><td></td><td></td><td></td><td></td></tr>
<tr><td>金额</td><td></td><td></td><td></td><td></td><td></td><td></td></tr>
<tr><td rowspan="2">管理部门耗用</td><td>数量</td><td></td><td></td><td></td><td></td><td></td><td></td></tr>
<tr><td>金额</td><td></td><td></td><td></td><td></td><td></td><td></td></tr>
<tr><td colspan="2">分配金额合计</td><td></td><td></td><td></td><td></td><td></td><td></td></tr>
</table>

业务分析题八

（一）目的：训练辅助生产费用分配的计划成本分配法。

（二）资料：辅助生产车间发生的直接费用与提供的劳务量同本章业务分析题六，另外，供电车间的计划单位成本为 1.80 元 / 千瓦时，供水车间的计划单位成本为 3 元 / 吨。

（三）要求：采用计划成本分配法分配辅助生产费用，填写辅助生产费用分配表（见表 2-9）并编写会计分录。

表 2-9　辅助生产费用分配表

（计划成本分配法）

2024 年 9 月　　　　金额单位：元

<table>
<tr><th colspan="3">辅助生产车间名称</th><th>供电车间</th><th>供水车间</th><th>合计</th></tr>
<tr><td colspan="3">待分配费用</td><td></td><td></td><td></td></tr>
<tr><td colspan="3">劳务数量</td><td></td><td></td><td></td></tr>
<tr><td colspan="3">计划单位成本</td><td></td><td></td><td></td></tr>
<tr><td rowspan="4">辅助生产车间耗用</td><td rowspan="2">供电车间</td><td>数量</td><td></td><td></td><td></td></tr>
<tr><td>金额</td><td></td><td></td><td></td></tr>
<tr><td rowspan="2">供水车间</td><td>数量</td><td></td><td></td><td></td></tr>
<tr><td>金额</td><td></td><td></td><td></td></tr>
<tr><td rowspan="2">甲产品耗用</td><td colspan="2">数量</td><td></td><td></td><td></td></tr>
<tr><td colspan="2">金额</td><td></td><td></td><td></td></tr>
</table>

续表

辅助生产车间名称		供电车间	供水车间	合计
一车间一般消耗	数量			
	金额			
乙产品耗用	数量			
	金额			
二车间一般消耗	数量			
	金额			
管理部门耗用	数量			
	金额			
按计划成本分配合计				
辅助生产实际成本				
辅助生产成本差异				

业务分析题九

（一）目的：训练辅助生产费用分配的直接分配法与交互分配法。

（二）资料：甲公司设有运输和供电两个辅助生产车间，运输车间的成本按运输里程比例分配，供电车间的成本按电力消耗量比例分配。该公司 2024 年 9 月有关辅助生产费用的资料如下所示：

（1）运输车间本月共发生成本 22 500 元，提供运输劳务 5 000 千米；供电车间本月共发生成本 240 000 元，提供电 8 000 千瓦时。

（2）运输车间耗用供电车间劳务 4 000 千瓦时，供电车间耗用运输车间劳务 500 千米。

（3）基本生产车间耗用运输车间劳务 2 550 千米，耗用供电车间劳务 60 000 千瓦时；行政管理部门耗用运输车间劳务 1 950 千米，耗用供电车间劳务 16 000 千瓦时。

（三）要求：

（1）采用直接分配法编制甲公司的辅助生产费用分配表（见表 2-10）。

表 2-10　辅助生产费用分配表

（直接分配法）　　金额单位：元

辅助生产车间名称		运输车间	供电车间	合计
待分配成本				
对外分配劳务数量				—
单位成本				—
基本生产车间	耗用数量			—
	分配金额			

续表

辅助生产车间名称		运输车间	供电车间	合计
行政管理部门	耗用数量			—
	分配金额			
合计				

（2）采用交互分配法（对外分配的分配率保留 6 位小数）编制甲公司的辅助生产费用分配表（见表 2-11）。

表 2-11 辅助生产费用分配表

（交互分配法）　　金额单位：元

项目			交互分配			对外分配		
辅助生产车间名称			运输车间	供电车间	合计	运输车间	供电车间	合计
待分配成本 / 元								—
提供劳务数量								—
单位成本								—
辅助生产车间	运输车间	耗用数量						—
		分配金额						—
	供电车间	耗用数量						—
		分配金额						—
基本生产车间		耗用数量						
		分配金额						
行政管理部门		耗用数量						
		分配金额						
合计								

业务分析题十

（一）目的：训练辅助生产费用分配的交互分配法。

（二）资料：某企业设有供电、供水两个辅助生产车间，2024 年 5 月各车间发生的费用为：供电车间 82 500 元，供水车间 3 900 元。各车间、部门耗用的辅助生产劳务数量如表 2-12 所示。

（三）要求：采用交互分配法编制辅助生产费用分配表（见表 2-13），并编写分配的会计分录（分配率取小数点后 4 位，分配结果保留 2 位小数）。

表 2-12 辅助生产车间提供劳务量表

2024 年 5 月

受益对象	供电 / 千瓦时	供水 / 吨
供电车间		200

续表

受益对象	供电 / 千瓦时	供水 / 吨
供水车间	1 000	
一车间	25 000	640
二车间	28 000	420
管理部门	1 000	240
合计	55 000	1 500

表 2-13 辅助生产费用分配表

（交互分配法）

金额单位：元

项目		交互分配			对外分配		
辅助生产车间		供电车间	供水车间	合计	供电车间	供水车间	合计
待分配费用							
对外提供劳务量							
分配率							
供电车间	数量						
	金额						
供水车间	数量						
	金额						
一车间	数量						
	金额						
二车间	数量						
	金额						
管理部门	数量						
	金额						
合计							

业务分析题十一

（一）目的：训练制造费用分配的生产工时比例分配法。

（二）资料：江南制造厂铸造车间生产甲、乙、丙三种产品。2024 年 9 月，三种产品生产工时分别为 1 500 小时、2 500 小时、2 000 小时。铸造车间制造费用明细账上本月借方发生额合计为 30 000 元。

（三）要求：采用生产工时比例分配法分配本月生产费用，完成制造费用分配表（见表 2-14），并编制分配结转本月制造费用的会计分录。

表 2-14 制造费用分配表

（生产工时比例分配法）

生产单位：铸造车间　　2024 年 9 月　　金额单位：元

产品名称	生产工时 / 小时	分配率	分配金额
甲产品			
乙产品			
丙产品			
合计			

业务分析题十二

（一）目的：训练制造费用分配的年度计划分配率法。

（二）资料：某企业某车间全年计划制造费用总额 60 000 元，生产情况见表 2-15。

表 2-15 某车间生产情况表

全年计划生产情况			九月份实际生产情况	
产品名称	产量 / 件	工时定额 / 小时	产量 / 件	九月份制造费用总额 / 元
甲产品	2 000	4	100	
乙产品	4 000	3	180	
合计				2 800

年末，制造费用实际发生额 56 000 元，按计划甲产品已分配 24 000 元，乙产品已分配 30 000 元。

（三）要求：

1. 采用年度计划分配率法分配制造费用，填写制造费用分配表（见表 2-16）。

表 2-16 制造费用分配表

2024 年 9 月　　金额单位：元

产品名称	产量 / 件	定额工时 / 小时	总工时 / 小时	分配率	分配金额
甲产品					
乙产品					
合计					

2. 年末按已分配比例将制造费用的计划成本调整为实际成本。

3. 编写相关业务的会计分录。

业务分析题十三

（一）目的：训练不可修复废品损失的核算。

（二）资料：某企业生产甲产品，2024 年 9 月投产甲产品 7 500 件，发生直接材料费用

900 000 元，直接人工费用 37 800 元，制造费用 28 350 元。合格产品 7 480 件，生产过程中发现不可修复废品 20 件，回收残料价值 1 000 元，过失人赔偿 800 元。本月份无期初、期末在产品，原材料在生产开始时一次性投入，生产工时记录为：完工产品 9 000 小时，废品 450 小时。

（三）要求：单独核算废品损失，编制不可修复废品损失计算表（见表 2-17），其中原材料成本按合格品与废品数量比例分配，其他费用按生产工时比例分配。按实际成本计算废品损失，写出计算过程并编制相应的会计分录。

表 2-17　不可修复废品损失计算表

产品：甲产品　　2024 年 9 月　　金额单位：元

项目	产量 / 件	直接材料	生产工时 / 小时	直接人工	制造费用	合计
费用总额						
分配率						
不可修复废品成本						
减：残值						
赔偿						
不可修复废品净损失						

业务分析题十四

（一）目的：训练在产品按年初固定数计价法。

（二）资料：江南化工厂生产的甲产品月末在产品数量比较稳定，月末在产品采用按年初固定数计价法计算成本。2024 年年初在产品成本为 80 000 元，其中，直接材料 40 000 元，直接人工 25 000 元，制造费用 15 000 元。9 月发生的生产费用为 600 000 元，其中直接材料 320 000 元，直接人工 180 000 元，制造费用 100 000 元。9 月完工产品为 1 000 件。

（三）要求：采用在产品按年初固定数计价法计算甲产品月末在产品成本和本月完工产品成本，并完成产品成本计算单（见表 2-18）的填制。

表 2-18　产品成本计算单

（按年初固定数计价法）

产品：甲产品　　产量：1 000 件　　2024 年 9 月　　单位：元

摘要	直接材料	直接人工	制造费用	合计
月初在产品				
本月生产费用				
生产费用合计				
本月完工产品成本				
完工产品单位成本				
月末在产品成本				

业务分析题十五

（一）目的：训练在产品按所耗原材料费用计价法。

（二）资料：江南酿酒厂生产的高粱酒直接材料费用在产品成本中所占比重较大，在产品只计算材料成本。2024 年 9 月，高粱酒月初在产品总成本（即直接材料）为 5 000 元；本月发生生产费用 70 000 元，其中直接材料为 60 000 元，直接人工 5 000 元，制造费用 5 000 元。本月高粱酒完工 50 吨，月末在产品 5 吨，在产品的原材料费用已全部投入，直接材料费用可以按本月完工产品和月末在产品的数量比例分配。

（三）要求：采用在产品按所耗原材料费用计价法计算高粱酒的完工产品成本和月末在产品成本，并完成产品成本计算单（见表 2-19）的填制。

表 2-19　产品成本计算单

（按所耗原材料费用计价法）

产品：高粱酒　　产量：50 吨　　2024 年 9 月　　单位：元

摘要	直接材料	直接人工	制造费用	合计
月初在产品				
本月生产费用				
生产费用合计				
本月完工产品成本				
完工产品单位成本				
月末在产品成本				

业务分析题十六

（一）目的：分工序计算在产品投料程度。

（二）资料：江南化工厂的甲产品顺序经过三道工序加工，材料于每道工序生产开始时一次性投入，单位产品原材料消耗定额费用为第一道工序 80 元，第二道工序 60 元，第三道工序 60 元；经过盘点，月末在产品数量为第一道工序 200 千克，第二道工序 300 千克，第三道工序 350 千克。

（三）要求：计算在产品投料程度以及在产品约当产量，如表 2-20 所示。

表 2-20　在产品投料程度及约当产量计算表

工序	原材料消耗定额费用 / 元	各工序月末在产品数量 / 千克	在产品投料程度 / %（列示计算过程）	在产品约当产量 / 千克（列示计算过程）
第一道工序				
第二道工序				
第三道工序				
合计		—	—	

业务分析题十七

（一）目的：分工序计算在产品完工程度以及在产品约当产量。

（二）资料：江南化工厂的甲产品本月有关月末在产品数量资料同业务分析题十六，甲产品单位产品工时消耗定额 100 小时，其中，第一道工序 50 小时，第二道工序 30 小时，第三道工序 20 小时；甲产品各工序月末在产品在本工序的完工程度均为 50%。

（三）要求：计算在产品完工程度以及在产品约当产量，如表 2-21 所示。

表 2-21　在产品完工程度及约当产量计算表

工序	各工序工时消耗定额 /（工时 / 台）	各工序月末在产品数量 / 千克	各工序完工程度 / %（列示计算过程）	在产品约当产量 / 千克（列示计算过程）
第一道工序				
第二道工序				
第三道工序				
合计		—	—	

业务分析题十八

（一）目的：训练约当产量法。

（二）资料：江南制造厂 2024 年 9 月生产的 A 产品完工验收数量为 2 000 件，月末在产品盘点数量为 400 件。A 产品本月生产成本明细账表明：月初在产品成本 400 000 元，其中直接材料 200 000 元，直接人工 120 000 元，制造费用 80 000 元；本月发生的生产费用为 6 000 000 元，其中，直接材料 3 000 000 元，直接人工 1 800 000 元，制造费用 1 200 000 元。原材料于生产开始时一次性投入，在产品完工程度为 50%。

（三）要求：采用约当产量法计算 A 产品的完工产品成本和月末在产品成本，填写成本计算单（见表 2-22）（费用分配率保留 4 位小数）。

表 2-22　成本计算单

2024 年 9 月　　　　金额单位：元

摘要	直接材料	直接人工	制造费用	合计
月初在产品成本				
本月发生生产费用				
生产费用合计				
完工产品数量 / 件				
月末在产品约当产量 / 件				
约当总产量 / 件				
费用分配率				
完工产品成本				
月末在产品成本				

业务分析题十九

（一）目的：训练约当产量法。

（二）资料：假如 2024 年 9 月甲产品完工产品产量 600 件，在产品 100 件，完工程度按平均 50% 计算；原材料在生产开始时一次投入，其他费用按约当产量比例分配。9 月份甲产品月初在产品和本月耗用直接材料费用 70 700 元，直接人工费用 39 650 元，燃料动力费用 85 475 元，制造费用 29 250 元。

（三）要求：按照约当产量法计算甲产品各项费用在完工产品和月末在产品之间的分配，并计算甲产品本月完工产品成本并编制完工产品入库的会计分录。

业务分析题二十

（一）目的：训练约当产量法。

（二）资料：甲公司 2024 年 9 月 A 产品完工产品产量 500 件，在产品 200 件，完工程度按平均 50% 计算；原材料在生产开始时一次性投入，其他费用按约当产量比例分配。9 月份 A 产品月初在产品和本月耗用直接材料费用共计 63 000 元，直接人工费用 42 000 元，制造费用 49 200 元。

（三）要求：采用约当产量法计算 A 产品各项费用在完工产品和月末在产品之间的分配，计算 A 产品本月完工产品成本并编制完工产品入库的会计分录。

业务分析题二十一

（一）目的：训练在产品成本按定额成本法计价。

（二）资料：江南制造厂 2024 年 9 月生产 E 产品，月末在产品盘存 200 件，原材料在生产开始时一次投入，单件产品原材料消耗定额为 2.5 千克，每千克计划单价为 50 元；200 件在产品完成的定额工时为 6 000 小时，计划小时费用率为：直接人工 1.20 元 / 小时，制造费用 0.30 元 / 小时。月初在产品定额成本为 36 000 元，其中直接材料 26 000 元，直接人工 7 700 元，制造费用 2 300 元；本月发生的生产费用为 280 000 元，其中，直接材料 190 000 元，直接人工 60 000 元，制造费用 30 000 元。

（三）要求：采用在产品按定额成本法计算在产品成本，填写产品成本计算单（见表 2–23）。

表 2–23 产品成本计算单

（定额成本法）

2024 年 9 月　　　　单位：元

摘要	直接材料	直接人工	制造费用	合计
月初在产品定额成本				
本月发生生产费用				
生产费用合计				
月末在产品定额成本				
本月完工产品成本				

业务分析题二十二

（一）目的：训练定额比例法。

（二）资料：某企业生产 T 产品，单位产品直接材料定额成本为 150 元，单位产品工时定额为 20 小时。9 月份，该企业生产完工 T 产品 1 000 件，月末实际结存在产品 100 件；原材料为生产开始时一次投入，加工程度为 50%。T 产品 9 月初在产品成本和本月发生生产费用如表 2–24 所示。

表 2–24　耗费情况表

单位：元

项目	直接材料	直接人工	制造费用	合计
月初在产品成本	28 000	8 800	12 400	49 200
本月发生生产费用	153 500	22 700	25 400	201 600

（三）要求：根据以上资料，按定额比例法计算完工产品成本和月末在产品成本，填写产品成本计算单（见表 2–25）。

表 2–25　产品成本计算单

（定额比例法）

9 月

金额单位：元

摘要		直接材料	直接人工	制造费用	合计
月初在产品成本					
本月发生生产费用					
生产费用合计					
定额耗用量（定额费用）合计					
分配率					
完工产品	定额耗用量				
	实际成本				
月末在产品	定额耗用量				
	实际成本				

五、仿真实训

（一）实训目的

通过本实训，熟悉品种法成本计算的一般原理和程序，掌握产品成本计算品种法的操作技能，达到能胜任中小企业成本核算岗位的会计工作需求。

（二）实训企业概况

江南纺织厂是一家多步骤大量大批生产的中型棉纺织企业，主要生产产品包括：纯棉纱、混纺纱、坯布、印花布等。

该厂下设三个分厂：纺纱分厂、织造分厂和印染分厂。

本实训对象为纺纱分厂，其产品生产过程由清花梳棉、抽条并条、纺纱三个步骤进行，设有三个生产车间：梳棉车间、抽条车间和纺纱车间（纯纺车间和混纺车间）；一个辅助生产车间：配电车间。（梳棉、抽条车间不独立核算业务，分别由纯纺车间和混纺车间统辖。）

该厂的生产工艺过程是：皮棉→棉条→棉纱→落筒→包装。

纺纱分厂实行厂部一级核算，按实际成本计价，产品成本计算方法采用品种法。成本计算对象仅以纺纱车间的纯棉 18 支纱、32 支纱和 45 支纱为对象（其他品种棉纱略），开设基本生产成本明细账，归集和分配生产费用。

产品成本项目：直接材料：包括：① 皮棉（外购的各种品级纤维长度的皮棉）；② 回花（纺纱过程中产生并回收的回条、纱头等棉花）；③ 辅助材料（纸筒）。应从直接材料项目中扣减的有：回花等。直接人工：包括：① 职工工资；② 计提“五险一金”。制造费用：包括车间管理人员的工资费用、设备的折旧费、办公费、水电费、劳保用品费、其他费用等。

配电车间以提供的劳务（配电）为费用归集对象，设置辅助生产成本明细账，归集费用，按受益对象耗用劳务量分配费用，采用直接分配法。配电车间发生的制造费用不单独进行核算。

（三）实训操作要求

1. 实训时间：两周。

2. 实训业务由成本核算员 1 人独立完成。

3. 实训程序及要求：

（1）根据所提供的资料，开设基本生产成本、辅助生产成本、制造费用总账及明细账，登记期初余额。

（2）依据提供的资料，进行整理归集和审核，填制原始凭证或原始凭证汇总表；选择合理的分配标准，对需要分配的费用进行费用分配并编制费用分配表。

（3）依据费用分配表资料，编制会计分录（记账凭证），登记相关账簿（总账及明细账）。

（4）清查盘点月末在产品数量，计算确定本期完工产品总成本和单位成本。

（5）进行实训自我总结，撰写书面材料报告（不少于 1 000 字）。

（四）实训资料

江南纺织厂 2024 年 10 月成本核算相关资料如下：

1. 产量及各项定额如表 2–26 和表 2–27 所示。

表 2–26　产量资料表

单位：吨

车间及产品名称		月初在产品数量	本月投产数量	本月完工数量	月末在产品数量
纯纺车间	18 支纱	5	52.6	50	2.6
	32 支纱	4.6	48	46	2
	45 支纱	4.44	43	40.4	3

表 2-27　有关定额资料表

车间及产品名称		材料消耗系数	人工消耗定额 /（元 / 吨）	生产工时定额 / 小时	备注
纯纺车间	18 支纱	0.7	3.538	34 311	
	32 支纱	1	3.538	31 566	
	45 支纱	1.2	3.538	27 723	

2. 期初有关账户余额如表 2-28 所示。

表 2-28　部分账户期初余额　单位：元

项目		直接材料	直接人工	制造费用	合计
纯纺车间	18 支纱	108 981			108 981
	32 支纱	100 262.52			100 262.52
	45 支纱	96 775.13			96 775.13
总账余额		306 018.65			306 018.65

3. 本月发生业务。

（1）领用材料，领料单见表 2-29 至表 2-44，退料单见表 2-45。

表 2-29　领 料 单 1

江南纺织厂领料单

领料单位：纯纺车间　2024 年 10 月 1 日

用途：生产产品用　金额单位：元

材料名称	规格	计量单位	数量		价格		备注
			请领	实领	单价	金额	
皮棉		吨	15	15	19 820	297 300	

领料单位负责人：李乐　领料人：陈明　发料人：陈青　制单：王旭

表 2-30　领 料 单 2

江南纺织厂领料单

领料单位：纯纺车间　2024 年 10 月 2 日

用途：生产产品用　金额单位：元

材料名称	规格	计量单位	数量		价格		备注
			请领	实领	单价	金额	
辅助材料		个	620	620		8 450	纸筒

领料单位负责人：李乐　领料人：陈明　发料人：陈青　制单：王旭

表 2-31 领 料 单 3

江南纺织厂领料单

领料单位：纯纺车间　　2024 年 10 月 4 日

用途：生产产品用　　金额单位：元

材料名称	规格	计量单位	数量		价格		备注
			请领	实领	单价	金额	
皮棉		吨	15	15	19 820	297 300	

领料单位负责人：李乐　领料人：陈明　发料人：陈青　制单：王旭

表 2-32 领 料 单 4

江南纺织厂领料单

领料单位：纯纺车间　　2024 年 10 月 5 日

用途：生产产品用　　金额单位：元

材料名称	规格	计量单位	数量		价格		备注
			请领	实领	单价	金额	
辅助材料						3 000	包装用

领料单位负责人：李乐　领料人：陈明　发料人：陈青　制单：王旭

表 2-33 领 料 单 5

江南纺织厂领料单

领料单位：纯纺车间　　2024 年 10 月 7 日

用途：生产产品用　　金额单位：元

材料名称	规格	计量单位	数量		价格		备注
			请领	实领	单价	金额	
皮棉		吨	15	15	19 820	297 300	

领料单位负责人：李乐　领料人：陈明　发料人：陈青　制单：王旭

表 2-34　领 料 单 6

江南纺织厂领料单

领料单位：配电车间　　2024 年 10 月 8 日

用途：一般耗用　　金额单位：元

材料名称	规格	计量单位	数量		价格		备注
			请领	实领	单价	金额	
其他材料						800	

领料单位负责人：李乐　　领料人：陈明　　发料人：陈青　　制单：王旭

表 2-35　领 料 单 7

江南纺织厂领料单

领料单位：纯纺车间　　2024 年 10 月 10 日

用途：生产产品用　　金额单位：元

材料名称	规格	计量单位	数量		价格		备注
			请领	实领	单价	金额	
皮棉		吨	15	15	19 820	297 300	

领料单位负责人：李乐　　领料人：陈明　　发料人：陈青　　制单：王旭

表 2-36　领 料 单 8

江南纺织厂领料单

领料单位：纯纺车间　　2024 年 10 月 11 日

用途：一般耗用　　金额单位：元

材料名称	规格	计量单位	数量		价格		备注
			请领	实领	单价	金额	
其他材料						1 200	

领料单位负责人：李乐　　领料人：陈明　　发料人：陈青　　制单：王旭

表 2-37　领 料 单 9

江南纺织厂领料单

领料单位：纯纺车间　　2024 年 10 月 13 日

用途：生产产品用　　金额单位：元

材料名称	规格	计量单位	数量		价格		备注
			请领	实领	单价	金额	
皮棉		吨	15	15	19 820	297 300	

领料单位负责人：李乐　　领料人：陈明　　发料人：陈青　　制单：王旭

表 2-38　领 料 单 10

江南纺织厂领料单

领料单位：纯纺车间　　2024 年 10 月 16 日

用途：生产产品用　　金额单位：元

材料名称	规格	计量单位	数量		价格		备注
			请领	实领	单价	金额	
皮棉		吨	15	15	19 820	297 300	

领料单位负责人：李乐　　领料人：陈明　　发料人：陈青　　制单：王旭

表 2-39　领 料 单 11

江南纺织厂领料单

领料单位：纯纺车间　　2024 年 10 月 18 日

用途：维修设备　　金额单位：元

材料名称	规格	计量单位	数量		价格		备注
			请领	实领	单价	金额	
其他材料						860	

领料单位负责人：李乐　　领料人：陈明　　发料人：陈青　　制单：王旭

表 2-40　领 料 单 12

江南纺织厂领料单

领料单位：配电车间　　2024 年 10 月 18 日

用途：一般耗用　　金额单位：元

材料名称	规格	计量单位	数量		价格		备注
			请领	实领	单价	金额	
其他材料						600	

领料单位负责人：李乐　　领料人：陈明　　发料人：陈青　　制单：王旭

表 2-41　领 料 单 13

江南纺织厂领料单

领料单位：纯纺车间　　2024 年 10 月 19 日

用途：生产产品用　　金额单位：元

材料名称	规格	计量单位	数量		价格		备注
			请领	实领	单价	金额	
皮棉		吨	15	15	19 820	297 300	

领料单位负责人：李乐　　领料人：陈明　　发料人：陈青　　制单：王旭

表 2-42　领 料 单 14

江南纺织厂领料单

领料单位：纯纺车间　　2024 年 10 月 22 日

用途：生产产品用　　金额单位：元

材料名称	规格	计量单位	数量		价格		备注
			请领	实领	单价	金额	
皮棉		吨	15	15	19 820	297 300	

领料单位负责人：李乐　　领料人：陈明　　发料人：陈青　　制单：王旭

表 2-43 领 料 单 15

江南纺织厂领料单

领料单位：纯纺车间　　2024 年 10 月 25 日

用途：生产产品用　　金额单位：元

材料名称	规格	计量单位	数量		价格		备注
			请领	实领	单价	金额	
皮棉		吨	15	15	19 820	297 300	

领料单位负责人：李乐　　领料人：陈明　　发料人：陈青　　制单：王旭

表 2-44 领 料 单 16

江南纺织厂领料单

领料单位：纯纺车间　　2024 年 10 月 29 日

用途：生产产品用　　金额单位：元

材料名称	规格	计量单位	数量		价格		备注
			请领	实领	单价	金额	
皮棉		吨	15	15	19 820	297 300	

领料单位负责人：李乐　　领料人：陈明　　发料人：陈青　　制单：王旭

表 2-45 退 料 单

江南纺织厂退料单

退料单位：纯纺车间　　2024 年 10 月 30 日

金额单位：元

材料名称	规格	计量单位	数量		价格		备注
			请领	实领	单价	金额	
回花		吨				4 000	

领料单位负责人：李乐　　领料人：陈明　　发料人：陈青　　制单：王旭

（2）工资核算资料如表 2-46 所示。

表 2-46　工资结算汇总表　单位：元

部门（或车间）	基本工资	津贴	奖金	应付工资合计	各项代扣款	实发工资
生产车间						
1. 生产工人	211 475.88	52 500	21 000	284 975.88	（略）	（略）
2. 管理人员	15 664	3 500	1 400	20 564		
小计	227 139.88	56 000	22 400	305 539.88		
配电车间	11 185	2 500	1 000	14 685		
合计	238 324.88	58 500	23 400	320 224.88		

注：工资费用按系数比例分配。

（3）其他费用汇总表见表 2-47。

表 2-47　其他费用汇总表　单位：元

部门（或车间）	办公费	报刊	维修费	合计
生产车间	1 680		4 530	6 210
配电车间	836	214	1 354	2 404
合计	2 516	214	5 884	8 614

（4）折旧费用资料见表 2-48。

表 2-48　折旧费用资料表　单位：元

部门（或车间）	资产类别	原始价值	月折旧率	月折旧额	备注
生产车间	厂房	2 600 000	0.35%		
	机器设备	7 600 000	0.42%		
配电车间	厂房	400 000	0.35%		
	机器设备	600 000	0.42%		
合计		11 200 000			

（5）当月发生应付电费情况如表 2-49 所示。

表 2-49　应付电费情况表　金额单位：元

部门（或车间）	耗电 / 千瓦时	电价	金额
18 支纱	69 150		
32 支纱	52 818		
45 支纱	50 032		

续表

部门（或车间）	耗电 / 千瓦时	电价	金额
生产车间一般耗用	1 176		
配电车间耗用	1 274		
合计	174 450	0.98	

（6）按各对象耗电数量分配配电车间费用。

（7）按各产品系数比例或生产工时比例分配制造费用。

（8）采用约当产量法分配计算完工产品总成本及单位成本（在产品只承担材料费用）。

（9）实训凭证、账簿：① 记账凭证 20 张；② 三栏式总账 2 张；③ 多栏式明细账 10 张；④ 各种费用分配表 8 张。

（10）请根据仿真实训中的资料，利用 Excel 工具分别编制材料费用分配表、工资费用分配表、三险一金及离职后福利计提表、其他费用汇总表、固定资产折旧计算表、辅助生产费用分配表、制造费用分配表以及完工半成品成本汇总表。

3 第三章 成本核算的分步法

学习目标

了解分步法的特点、分类以及适用范围，理解运用逐步结转分步法进行成本还原的方法，掌握逐步结转分步法和平行结转分步法的计算程序和具体应用。

学习重难点

学习重点：逐步结转分步法的核算程序；逐步结转分步法的应用及成本还原；平行结转分步法的核算程序和应用。

学习难点：掌握成本还原以及广义在产品的概念。

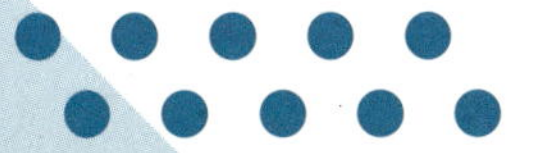

【知识点回顾】

知识点	内容
分步法的含义	分步法是以产品的品种以及所经过的生产步骤作为成本核算对象来归集生产费用，计算产品成本的一种方法
分步法的适用范围	大量大批多步骤生产
分步法的特点	1. 以每种产品以及所经过的生产步骤为成本计算对象； 2. 按月计算产品成本； 3. 一般需要将生产费用在完工产品与在产品间分配
逐步结转分步法的应用条件	逐步结转分步法适用于按照成本管理的要求，需要提供各个生产步骤半成品成本资料的企业
逐步结转分步法的特点	1. 成本计算对象是最终的完工产品以及各生产步骤的半成品； 2. 半成品成本的结转与半成品实物的结转相一致
综合结转分步法	综合结转分步法是将各生产步骤所耗用的上一生产步骤半成品成本，以其合计数综合计入下一生产步骤的产品成本计算单中的“直接材料”或“半成品”成本项目中
成本还原	成本还原是从最后一个生产步骤起，把本月生产的产成品成本中的半成品成本项目采用一定的方法还原成直接材料、直接人工、制造费用等原始成本项目，进而得到按原始成本项目反映的产成品成本项目资料
分项结转分步法	分项结转分步法是将各生产步骤所耗用的上一生产步骤的半成品成本，按照其成本项目分项结转计入各该生产步骤产品成本明细账的对应成本项目，最终计算完工产品成本的方法
逐步结转分步法的优缺点	优点：① 能够提供各个生产步骤的半成品成本资料；② 能为半成品的实物管理和生产资金管理提供资料；③ 能全面反映各生产步骤完工产品中所耗上一生产步骤半成品费用水平和本生产步骤加工费用水平，有利于各生产步骤的成本管理 缺点：核算工作比较复杂，核算工作的及时性较差
逐步结转分步法的适用范围	逐步结转分步法适用于半成品品种不多、逐步结转半成品成本的工作量不是很大的情况，或者是半成品的种类较多，但管理上要求提供各个生产步骤半成品成本数据的情况
平行结转分步法的含义	是一种各生产步骤不计算半成品成本，只归集各生产步骤本身所发生的费用以及各生产步骤应计入完工产品成本的份额，然后将各生产步骤应计入完工产品成本的份额平行汇总结转，计算完工产品成本的方法
平行结转分步法的适用范围	平行结转分步法适用于半成品种类很多，管理上不要求计算半成品成本的大量大批多步骤生产的企业
平行结转分步法的特点	1. 各生产步骤不计算半成品成本，只计算本生产步骤自己所发生的生产费用； 2. 企业不设置“自制半成品”账户； 3. 半成品成本不随着实物的结转而结转； 4. 需要将各生产步骤费用的合计数在完工产成品与广义在产品之间进行分配，计算各步应计入产成品成本的份额，汇总确定完工产品成本； 5. 将各生产步骤应计入完工产品的份额平行汇总，结转计入完工产品，计算完工产品成本
平行结转分步法的核算程序	1. 按照各产品的品种及其所经过的生产步骤设置产品成本明细账； 2. 按照各产品的品种及其所经过的生产步骤归集生产费用，计算各生产步骤的费用总额；

续表

知识点	内容
平行结转分步法的核算程序	3. 采用适当的方法分配各生产步骤生产费用，计算各生产步骤应计入完工产品成本中的份额； 4. 将各生产步骤中应计入完工产品成本中的份额平行汇总，结转计算完工产品成本； 5. 从各生产步骤产品成本明细账归集的生产费用中扣除应计入完工产品成本中的份额，确定在产品成本
平行结转分步法的优缺点	优点：① 各生产步骤能同时计算产品成本；② 能提供按原始成本项目反映的产成品成本资料，无须进行成本还原；③ 成本计算程序得到简化，效率得到提高 缺点：① 不能提供各生产步骤半成品的成本资料；② 在产品的费用在产品最后完成以前，不随实物转出而转出，因而不能为各生产步骤的在产品实物管理和资金管理提供资料；③ 各生产步骤的产品成本不包括所耗半成品的费用，因而不能全面反映各生产步骤产品的生产耗费水平，不能更好地满足各生产步骤成本管理的要求

【典型例题分析】

一、单项选择题

1. 采用逐步结转分步法时，完工产品与在产品之间的费用分配，是（　　）之间的费用分配。

A. 产成品与月末在产品

B. 产成品与广义在产品

C. 完工半成品与月末加工中在产品

D. 前面生产步骤的完工半成品与狭义在产品、最后生产步骤的产成品与狭义在产品

【答案】D

【分析】逐步结转分步法下的完工产品指的是完工半成品与产成品，在产品指的是狭义在产品，因此选项 D 正确。

2. 不计算半成品成本的分步法是指（　　）。

A. 逐步分项结转分步法　　B. 平行结转分步法

C. 按实际成本综合结转分步法　　D. 按计划成本综合结转分步法

【答案】B

【分析】平行结转分步法不计算半成品成本，因此选项 B 正确。

二、多项选择题

1. 下列关于平行结转分步法的表述中，正确的有平行结转分步法（　　）。

A. 不必逐步结转半成品成本

B. 各步骤可以同时计算产品成本

C. 能提供各个步骤半成品的成本资料

D. 能直接提供按原始成本项目反映的产成品成本资料

【答案】ABD

【分析】平行结转分步法不计算半成品成本，各步骤间也不结转半成品成本，各步骤可以同时计算产品成本，能直接提供按原始成本项目反映的产成品成本资料。

2. 在平行结转分步法下，第二生产步骤的在产品包括（　　）。

A. 第一生产步骤完工入库的半成品

B. 第二生产步骤正在加工的在产品

C. 第二生产步骤完工入库的半成品

D. 第三生产步骤正在加工的在产品

【答案】BCD

【分析】在平行结转分步法下，在产品是广义的，包括本生产步骤正在加工中的在产品（狭义），本生产步骤完工转入半成品库的半成品，本生产步骤完工转入以后生产步骤但尚未最终产成的在产品。

三、判断题

1. 采用平行结转分步法，每一生产步骤的生产成本要在最终完工产品与各生产步骤尚未加工完成的在产品和各生产步骤已完工但未最终完成的产品之间进行分配。（　　）

【答案】√

【分析】本题考核“平行结转分步法”。

2. 在分步法下，产品成本计算的分步与实际的生产步骤是完全一致的。（　　）

【答案】×

【分析】在分步法下，产品成本计算的分步与实际的生产步骤不是完全一致的。

3. 平行结转分步法是按产品加工顺序逐步计算并结转半成品成本，直至最后一个生产步骤完成才能计算产成品成本的方法。（　　）

【答案】×

【分析】逐步结转分步法是需要按顺序转移逐步累计，直到最后一个生产步骤才能计算出产成品成本的方法。

四、不定项选择题

某工业企业大量生产甲产品，采用平行结转分步法计算产品成本。生产分为两个步骤，分别由第一车间和第二车间完成。第一车间为第二车间提供半成品，第二车间将半成品加工成产成品。产成品和月末在产品之间分配生产成本的方法采用定额比例法，材料成本按定额材料成本比例分配，其他成本按定额工时比例分配。假定该公司月末没有盘点在产品，月末在产品的定额材料要根据月初在产品定额材料加上本月投产的定额材料减去产成品的定额材料计算得出。相关资料如表 3–1 至表 3–2 所示。

表 3-1 甲产品定额汇总表 金额单位：元

生产步骤	月初在产品		本月投入		产成品				
	材料费用	工时 / 小时	材料费用	工时 / 小时	单件材料定额	单件工时定额 / 小时	产量 / 件	材料费用总定额	工时总定额 / 小时
第一车间	5 000	200	20 000	1 500	110	7	220	24 200	1 540

表 3-2 甲产品成本计算单

车间名称：第一车间 单位：元

项目	直接材料（实际）	直接人工（实际）	制造费用（实际）
月初在产品	6 000	300	2 000
本月费用	21 500	6 500	8 200
合计	27 500	6 800	10 200

第二车间产成品耗用的直接人工为 3 000 元，制造费用为 6 000 元。

要求：根据上述资料，不考虑其他因素，回答下列问题。

（1）下列关于平行结转分步法的表述中，正确的是（ ）。

A. 在平行结转分步法下，各生产步骤均不计算本生产步骤半成品成本

B. 平行结转分步法能够直接提供按原始成本项目反映的产成品成本资料

C. 在平行结转分步法下，各生产步骤可以同时计算产品成本，平行汇总计入产成品成本

D. 平行结转分步法能够为各个生产步骤在产品的实物和资金管理提供资料

【答案】ABC

【分析】平行结转分步法的缺点之一是不能为各个生产步骤在产品的实物和资金管理提供资料，选项 D 错误。

（2）第一车间月末在产品直接材料定额成本为（ ）元。

A. 800　B. 25 000　C. 24 200　D. 21 000

【答案】A

【分析】月初和本月材料费用定额合计 = 月初在产品材料费用 5 000 + 本月投入材料费用 20 000=25 000（元），月末在产品直接材料定额成本 =25 000– 产成品材料费用总定额 24 200=800（元），选项 A 正确。

（3）第一车间生产出的甲产品（半成品）耗用的直接材料为（ ）元。

A. 5 500　B. 22 000　C. 26 620　D. 27 500

【答案】C

【分析】第一车间直接材料费用定额分配率 = 直接材料合计 27 500/（产成品材料费用总定额 24 200+ 月末在产品直接材料定额成本 800）=1.1，第一车间生产出的甲产品（半成品）耗用的直接材料 =1.1 × 24 200=26 620（元），选项 C 正确。

（4）第一车间生产出的甲产品（半成品）耗用的直接人工和制造费用分别为（　　）元。

A. 6 160　　B. 800　　C. 640　　D. 9 240

【答案】AD

【分析】月末在产品定额工时 = 月初在产品工时 200 + 本月投入工时 1 500– 产成品工时总定额 1 540=160（小时），第一车间直接人工费用分配率 = 直接人工合计 6 800/（产成品工时 1 540+ 月末在产品定额工时 160）=4，第一车间生产出的甲产品（半成品）耗用的直接人工 =4× 产成品工时总定额 1 540=6 160（元），选项 A 正确；第一车间生产出的甲产品（半成品）耗用的制造费用 = 制造费用合计 10 200/（产成品工时总定额 1 540+ 月末在产品定额工时 160）× 产成品工时总定额 1 540=9 240（元），选项 D 正确。

（5）第一车间结转至第二车间的半成品成本为（　　）元。

A. 0　　B. 42 020　　C. 26 620　　D. 9 240

【答案】A

【分析】平行结转分步法不必逐步结转半成品成本，所以第一车间的半成品成本不必结转到第二车间，选项 A 正确。

【职业能力训练】

一、单项选择题

1. 采用平行结转分步法，第二生产步骤的广义在产品不包括（　　）。

A. 第一生产步骤正在加工的在产品

B. 第二生产步骤正在加工的在产品

C. 第二生产步骤完工入库的半成品

D. 第三生产步骤正在加工的在产品

2. 在分步法下，需要进行成本还原的结转方法是（　　）

A. 分项结转分步法　　B. 综合结转分步法

C. 逐步结转分步法　　D. 平行结转分步法

3. 成本还原是指从（　　）生产步骤起，将其耗用上一生产步骤的自制半成品的综合成本，按照上一生产步骤完工半成品的成本项目的比例分解还原为原来的成本项目。

A. 最前一个　　B. 中间一个

C. 最后一个　　D. 随意任选一个

4. 下列各种分步法中，半成品成本不随实物转移而结转的方法是（　　）。

A. 按实际成本综合结转法　　B. 按计划成本综合结转法

C. 平行结转分步法　　D. 分项结转法

5. 采用逐步结转分步法时，自制半成品入库应借记的账户是（　　）。

A. 自制半成品　　B. 生产成本——基本生产成本

C. 制造费用　　D. 生产成本——辅助生产成本

6. 采用平行结转分步法，在完工产品与在产品之间分配费用，是指在（ ）之间的费用分配。

A. 产成品与月末在产品

B. 完工半成品与月末加工中的在产品

C. 最后一个生产步骤的产成品与加工中的在产品

D. 产成品与广义的在产品

7. 在大量大批多步骤生产的情况下，如果管理要求分步计算产品成本，其所采用的成本计算方法应是（ ）。

A. 品种法　B. 分批法　C. 分步法　D. 分类法

8. 成本还原的对象是（ ）。

A. 产成品的总成本

B. 产成品所耗上一生产步骤的半成品成本

C. 产成品所耗本生产步骤的直接人工与制造费用

D. 产成品所耗本生产步骤的材料

9. 某产品由五个生产步骤组成，采用综合结转分步法计算产品成本，需要进行成本还原的次数是（ ）次。

A. 5　B. 0　C. 3　D. 4

10. 某产品由五个生产步骤组成，采用平行结转分步法计算产品成本，需要进行成本还原的次数是（ ）次。

A. 5　B. 0　C. 3　D. 4

11. 分项结转分步法的缺点是（ ）。

A. 需要进行成本还原　B. 不能提供原始构成的成本资料

C. 成本结转工作比较复杂　D. 不便加强各生产步骤的成本管理

12. 分步法的适用范围是（ ）。

A. 大量大批单步骤生产　B. 大量大批多步骤生产

C. 单件小批多步骤生产　D. 管理上要求分步计算成本

13. 半成品实物转移，成本也随之结转的成本计算方法是（ ）。

A. 分批法　B. 平行结转分步法

C. 分步法　D. 逐步结转分步法

14. 在（ ）分步法下，需要将生产费用在产成品与广义在产品之间进行分配。

A. 综合结转　B. 平行结转

C. 分项结转　D. 平等结转

15. 甲企业是一个多步骤生产企业，不能提供各个生产步骤的半成品成本资料，则可判断其所采用的分步法是（ ）。

A. 逐步结转分步法　B. 平行结转分步法

C. 综合结转分步法　D. 分项结转分步法

16. 平行结转分步法下，每一生产步骤完工的产品的费用是（　　）。

A. 该生产步骤完工半成品的成本

B. 该生产步骤完工产成品的成本

C. 该生产步骤生产费用中用于产成品成本的份额

D. 该生产步骤生产费用中在产品成本的份额

17. 不利于考察企业各类半成品资金占用情况的成本计算方法是（　　）。

A. 品种法　　B. 分批法

C. 逐步结转分步法　　D. 平行结转分步法

18. 下列关于平行结转分步法的表述中，不正确的是（　　）。

A. 某生产步骤的在产品指的是该生产步骤尚未加工完成的在产品

B. 平行结转分步法不必进行成本还原，能够简化和加速成本计算工作

C. 各生产步骤可以同时计算产品成本

D. 平行结转分步法能够直接提供按原始成本项目反映的产成品成本资料

19. 采用综合逐步结转分步法，下一生产步骤耗用的上一生产步骤半成品的成本应转入下一生产步骤产品成本明细账中的（　　）。

A. 燃料及动力项目　　B. 直接人工项目

C. 制造费用项目　　D. 直接材料或半成品项目

20. 成本还原的目的是按（　　）反映产成品成本资料。

A. 耗费项目　　B. 成本项目

C. 实际成本　　D. 原始成本项目

21. 某产品生产分两个生产步骤，采用逐步结转分步法计算成本。本月第一生产步骤完工入库的半成品为 10 000 元，本月第二生产步骤领用的半成品成本为 8 000 元，本月发生的其他生产耗费为 12 000 元，月初、月末在产品成本分别为 2 000 元和 1 600 元。据此计算该产品产成品成本为（　　）元。

A. 22 400　　B. 21 800　　C. 20 400　　D. 19 600

二、多项选择题

1. 采用逐步结转分步法，按照半成品成本在下一步骤产品成本明细账中的反映方法不同，分为（　　）。

A. 按实际成本结转　　B. 按计划成本结转

C. 综合结转分步法　　D. 分项结转分步法

2. 采用平行结转分步法不能提供（　　）。

A. 按原始成本项目反映的产成品成本资料

B. 所耗上一生产步骤半成品成本的资料

C. 各生产步骤完工半成品成本的资料

D. 本生产步骤应计入产成品成本份额的资料

3. 采用平行结转分步法计算产品成本，最后一个生产步骤的产品成本明细账中，能够反映的数据有（　　）。

A. 产成品实际成本

B. 所耗上一生产步骤的半成品成本

C. 本生产步骤发生费用

D. 本生产步骤发生费用中应计入产成品成本的份额

4. 下列情况下，需要进行成本还原的有（　　）。

A. 采用综合结转分步法

B. 管理上要求从整个企业角度分析和考核产品成本的构成和水平

C. 采用平行结转分步法

D. 采用分项结转分步法

5. 逐步结转分步法的特征有（　　）。

A. 管理上要求计算半成品成本

B. 最后一个生产步骤计算的是产成品成本

C. 半成品实物转移成本随之转移

D. 期末在产品指狭义在产品

6. 平行结转分步法的适用情况有（　　）。

A. 半成品对外销售

B. 半成品不对外销售

C. 管理上不要求提供各生产步骤半成品资料

D. 半成品种类较多，逐步结转半成品成本工作量较大

7. 下列方法中，不需要进行成本还原的有（　　）。

A. 平行结转分步法　　B. 综合结转分步法

C. 分项结转分步法　　D. 逐步结转分步法

8. 逐步结转分步法（　　）。

A. 既要计算最终产品的成本，还要计算各生产步骤的半成品成本

B. 分为综合结转和分项结转

C. 半成品成本与半成品实物不分离

D. 半成品成本与半成品实物相分离

9. 在平行结转分步法下，广义的在产品是指（　　）。

A. 在本生产步骤加工中的在产品

B. 本生产步骤已完工转入半成品库的半成品

C. 已从半成品库转到以后各生产步骤进一步加工、尚未最后产成的在产品

D. 除狭义在产品之外的所有在产品和半成品

10. 在分步法下，产品成本明细账应该（　　）设立。

A. 只按产品生产步骤不按产品品种

B. 按产品生产步骤

C. 按产品生产步骤和批别

D. 按产品品种

11. 某企业采用逐步结转分步法计算产品成本的原因可能有（　　）

A. 其半成品作为产品经常对外销售

B. 其半成品要进行同行业评比

C. 一种半成品能够用于若干种产品

D. 要全面考核和分析企业内各生产步骤的生产耗费与资金占用水平

12. 采用平行结转分步法（　　）。

A. 不能提供半成品成本资料

B. 费用结转与半成品实物转移脱节

C. 各生产步骤可以同时计算产品成本，不需要前后等待

D. 半成品成本随半成品实物的转移而结转

13. 采用平行结转分步法，每一生产步骤的生产费用要在其完工产品和月末在产品之间进行分配。如果某产品生产分三个生产步骤在三个车间进行，则第二车间的在产品包括（　　）。

A. 第一车间尚未完工产品　　B. 第二车间尚未完工产品

C. 第三车间尚未完工产品　　D. 第三车间完工产品

14. 以下关于各种分步法的成本计算的表述中，正确的有（　　）。

A. 平行结转分步法不能提供各生产步骤半成品的资料

B. 平行结转分步法不能更好地满足各生产步骤成本管理的要求

C. 逐步结转分步法适用于大量、大批、连续式复杂生产的企业

D. 以上说法均正确

15. 采用平行结转分步法，生产成本在完工产品与在产品之间进行分配，关于完工产品和在产品的说法中，不正确的有（　　）。

A. 在产品是指各生产步骤尚未加工完成的在产品

B. 在产品是指各生产步骤已经完工但尚未最终完成的在产品

C. 完工产品是指各生产步骤已经加工完成的在产品和最终加工完成的完工产品

D. 完工产品是指企业最后完成的产成品

16. 下列各项中，在平行结转分步法下关于产品成本计算方法表述正确的有（　　）。

A. 不必逐步结转半成品成本

B. 各生产步骤可以同时计算产品成本

C. 能提供各个生产步骤半成品的成本资料

D. 能直接提供按原始成本项目反映产成品成本资料

17. 甲公司是一个家具制造企业。该公司按生产步骤的顺序，分别设置加工、装配和油漆三个生产车间。公司的产品成本计算采用平行结转分步法，按车间分别设置成本计算单。装配

车间成本计算单中的“月末在产品成本”项目的“月末在产品”范围应包括（ ）。

A. 加工车间正在加工的在产品　　B. 装配车间正在加工的在产品

C. 装配车间已经完工的半成品　　D. 油漆车间正在加工的在产品

18. 采用逐步结转分步法计算产品成本时，各生产步骤（除第一生产步骤外）某期累计生产耗费总额应包括（ ）。

A. 月初在产品成本　　B. 本期上一生产步骤转入的半成品成本

C. 期末在产品成本　　D. 本期本生产步骤发生的成本

三、判断题

1. 广义在产品包括正在加工中的产品和加工告一段落留存在半成品库和以后各生产步骤的半成品。（ ）

2. 采用平行结转分步法计算产品成本时，需要进行成本还原。（ ）

3. 分项结转分步法不需要进行成本还原。（ ）

4. 分步法分为逐步结转分步法和平行结转分步法，采用平行结转分步法不需要进行成本还原。（ ）

5. 综合结转分步法有利于从整个企业的角度分析和考核产成品成本的结构。（ ）

6. 逐步结转分步法实际上就是品种法的多次连续应用。（ ）

7. 采用平行结转分步法，各生产步骤可以同时计算产品成本，且各生产步骤间不结转半成品成本。（ ）

8. 在平行结转分步法下，各生产步骤月末在产品成本是指各生产步骤正在加工的在产品的成本。（ ）

9. 在平行结转分步法下，各生产步骤应将本生产步骤发生的生产费用，在完工产品与广义在产品之间进行分配。（ ）

10. 在平行结转分步法下，各生产步骤都不能反映其生产耗费水平。（ ）

11. 在实际工作中，分步法产品成本计算的步骤与产品的实际生产步骤应完全一致。（ ）

12. 综合结转分步法能够提供各生产步骤的半成品成本资料，而分项结转分步法却不能。（ ）

13. 平行结转分步法下，各生产步骤的产品生产成本伴随着半成品实物的转移而转移。（ ）

14. 采用逐步结转分步法时，上一生产步骤半成品成本都必须转入下一生产步骤产品成本明细账中的直接材料项目。（ ）

15. 在逐步结转分步法下，各生产步骤完工产品所耗用的半成品成本不一定等于本月上一生产步骤转入的半成品成本。（ ）

16. 在采用综合结转分步法进行成本还原时，所计算的成本还原率可能大于“1”，也可能小于“1”。（ ）

17. 在分步法下，各生产步骤期末在产品是指广义在产品。 （ ）

四、业务分析题

业务分析题一

（一）目的：训练综合结转分步法。

（二）资料：江南制造厂 M 产品的生产分为三个生产步骤，分别由第一车间、第二车间和第三车间完成。第一车间完工的 A 半成品，完工后全部直接交第二车间继续加工；第二车间完工的 B 半成品，完工后全部直接交第三车间继续加工；第三车间的完工产品即为最终的 M 产品。M 产品的原材料在第一车间生产开始时一次投入；各车间月末在产品的完工程度均为 50%。

2024 年 9 月有关资料见表 3-3 至表 3-5。

表 3-3 产量资料

2024 年 9 月 单位：件

项目	第一车间	第二车间	第三车间
月初在产品	200	200	1 000
本月投产或上一生产步骤转入	2 000	1 800	1 500
本月完工	1 800	1 500	1 500
月末在产品	400	500	1 000

表 3-4 月初在产品成本

2024 年 9 月 单位：元

车间	直接材料	直接人工	制造费用	合计
第一车间	244 000	62 000	80 000	386 000
第二车间	400 400	68 000	118 000	586 400
第三车间	650 000	60 000	98 000	808 000

表 3-5 本月发生的生产费用

2024 年 9 月 单位：元

车间	直接材料	直接人工	制造费用	合计
第一车间	1 732 000	172 000	208 000	2 112 000
第二车间		208 000	154 000	362 000
第三车间		90 000	125 000	215 000

（三）要求：根据上述资料采用综合结转分步法计算 M 产品以及 A 半成品、B 半成品成本（采用约当产量法分配完工产品和在产品成本），并根据计算结果进行成本还原。填写三个车间的产品成本计算单以及成本还原计算表，见表 3-6 至表 3-9。（分配率保留小数点后四位，分配金额保留小数点后两位，四舍五入。）

表 3-6　第一车间产品成本计算单

产品名称：A 半成品　　2024 年 9 月　　金额单位：元

项目	直接材料	直接人工	制造费用	合计
月初在产品成本				
本月发生生产费用				
生产费用合计				
完工半成品数量 / 件				
月末在产品约当产量 / 件				
约当总产量 / 件				
分配率				
完工半成品成本				
月末在产品成本				

表 3-7　第二车间产品成本计算单

产品名称：B 半成品　　2024 年 9 月　　金额单位：元

项目	半成品	直接人工	制造费用	合计
月初在产品成本				
本月发生生产费用				
生产费用合计				
完工半成品数量 / 件				
月末在产品约当产量 / 件				
约当总产量 / 件				
分配率				
完工半成品成本				
月末在产品成本				

表 3-8　第三车间产品成本计算单

产品名称：M 产品　　2024 年 9 月　　金额单位：元

项目	半成品	直接人工	制造费用	合计
月初在产品成本				
本月发生生产费用				
生产费用合计				
完工产成品数量 / 件				
月末在产品约当产量 / 件				
约当总产量 / 件				
分配率				
完工产成品成本				
月末在产品成本				

表 3-9　成本还原计算表

产品名称：M 产品　　2024 年 9 月　　金额单位：元

成本项目	还原前总成本	第二生产步骤半成品成本	还原额及还原率	第一生产步骤半成品成本	还原额及还原率	还原后总成本
还原分配率						
直接材料（半成品）						
直接人工						
制造费用						
合计						

业务分析题二

（一）目的：训练分项结转分步法。

（二）资料：见业务分析题一资料。

（三）要求：采用分项结转分步法计算 A 半成品、B 半成品、M 产品的成本，填写产品成本计算单（见表 3-10 至表 3-12）。（分配率保留小数点后四位，分配金额保留小数点后两位，四舍五入。）

表 3-10　第一车间产品成本计算单

产品名称：A 半成品　　2024 年 9 月　　金额单位：元

项目	直接材料	直接人工	制造费用	合计
月初在产品成本				
本月发生生产费用				
生产费用合计				
完工半成品数量 / 件				
月末在产品约当产量 / 件				
约当总产量 / 件				
分配率				
完工半成品成本				
月末在产品成本				

表 3-11　第二车间产品成本计算单

产品名称：B 半成品　　2024 年 9 月　　金额单位：元

项目	直接材料	直接人工	制造费用	合计
月初在产品成本				
本月本生产步骤发生生产费用				
上一生产步骤转入半成品成本				

续表

项目	直接材料	直接人工	制造费用	合计
生产费用合计				
完工半成品数量 / 件				
月末在产品约当产量 / 件				
约当总产量 / 件				
分配率				
完工半成品成本				
月末在产品成本				

表 3-12　第三车间产品成本计算单

产品名称：M 产品　　2024 年 9 月　　金额单位：元

项目	直接材料	直接人工	制造费用	合计
月初在产品成本				
本月本生产步骤发生生产费用				
上一生产步骤转入半成品成本				
生产费用合计				
完工产成品数量 / 件				
月末在产品约当产量 / 件				
约当总产量 / 件				
分配率				
完工产成品成本				
月末在产品成本				

业务分析题三

（一）目的：训练平行结转分步法。

（二）资料：江南机械厂是一家装配式生产企业，生产的 H 产品需要经过三个基本生产车间完成。第一车间完工的甲半成品全部移交第二车间，第二车间将甲半成品进一步加工为乙半成品并全部移交给第三车间，最后由第三车间将乙半成品进一步加工成为 H 产品，H 产品耗用甲、乙半成品的数量比例为 1∶1。H 产品的原材料在第一车间生产开始时一次投入；各车间月末在产品的完工程度均为 50%。有关资料见表 3-13 至表 3-15。

表 3-13　产 量 资 料

2024 年 9 月　　单位：件

项目	第一车间	第二车间	第三车间
月初在产品	10	8	12
本月投产或上一生产步骤转入	50	48	50
本月完工	48	50	55
月末在产品	12	6	7

表 3-14　月初在产品成本

2024 年 9 月　　单位：元

成本项目	第一车间	第二车间	第三车间	合计
直接材料	295 000			295 000
直接人工	52 000	29 500	21 500	103 000
制造费用	79 000	38 000	5 500	122 500
合计	426 000	67 500	27 000	520 500

表 3-15　本月生产耗费

2024 年 9 月　　单位：元

成本项目	第一车间	第二车间	第三车间	合计
直接材料	505 000			505 000
直接人工	96 000	98 000	92 100	286 100
制造费用	143 000	160 400	168 100	471 500
合计	744 000	258 400	260 200	1 262 600

（三）要求：根据上述资料采用平行结转分步法计算 H 产品的成本，填写约当产量计算表（见表 3-16），产品成本计算单和产成品成本汇总计算表（见表 3-17 至表 3-20）。（分配率保留小数点后四位，分配金额保留小数点后两位，四舍五入。）

表 3-16　约当产量计算表

2024 年 9 月　　单位：件

项目	第一车间		第二车间		第三车间	
	投料约当产量	加工约当产量	投料约当产量	加工约当产量	投料约当产量	加工约当产量
最终产成品数量						
本步骤狭义在产品数量						
投料程度 / 完工程度						
本步骤狭义在产品约当产量						
以后步骤广义在产品耗用本步骤半成品数量						
本步骤广义在产品约当产量						
约当总产量						

表 3-17　第一车间产品成本计算单

2024 年 9 月　　金额单位：元

项目	直接材料	直接人工	制造费用	合计
月初在产品成本				
本月发生生产费用				

续表

项目	直接材料	直接人工	制造费用	合计
生产费用合计				
最终产成品数量 / 件				
广义在产品约当产量 / 件				
约当总产量 / 件				
分配率				
本生产步骤应计入产成品份额				
月末在产品成本				

表 3-18　第二车间产品成本计算单

2024 年 9 月　　金额单位：元

项目	直接材料	直接人工	制造费用	合计
月初在产品成本				
本月发生生产费用				
生产费用合计				
最终产成品数量 / 件				
广义在产品约当产量 / 件				
约当总产量 / 件				
分配率				
本生产步骤应计入产成品份额				
月末在产品成本				

表 3-19　第三车间产品成本计算单

2024 年 9 月　　金额单位：元

项目	直接材料	直接人工	制造费用	合计
月初在产品成本				
本月发生生产费用				
生产费用合计				
最终产成品数量 / 件				
广义在产品约当产量 / 件				
约当总产量 / 件				
分配率				
本生产步骤应计入产成品份额				
月末在产品成本				

表 3-20 产成品成本汇总计算表

产品名称：H 产品　　2024 年 9 月　　单位：元

项目	直接材料	直接人工	制造费用	合计
第一生产步骤计入产成品成本份额				
第二生产步骤计入产成品成本份额				
第三生产步骤计入产成品成本份额				
合计				

业务分析题四

（一）目的：训练成本还原。

（二）资料：某企业生产 A 产品经过三个生产步骤，生产成本采用综合结转分步法计算。表 3-21 为该企业 2024 年 9 月各生产步骤完工产品（半成品）成本汇总表。

表 3-21 完工产品（半成品）成本汇总表　　单位：元

项目	直接材料	自制半成品	直接人工	制造费用	合计
第一生产步骤	4 500		1 100	1 900	7 500
第二生产步骤		6 000	1 920	2 080	10 000
第三生产步骤		12 500	5 500	4 500	22 500

（三）要求：根据已知资料采用还原分配率法和成本项目比重还原法进行成本还原，填写表 3-22、表 3-23。

表 3-22 成本还原计算表

产品名称：A 产品　　2024 年 9 月　　金额单位：元

项目	还原前总成本	第二生产步骤半成品成本	还原率及还原额	第一生产步骤半成品成本	还原率及还原额	还原后总成本
还原分配率						
直接材料（半成品）						
直接人工						
制造费用						
合计						

表 3-23 成本还原计算表

产品名称：A 产品　　2024 年 9 月　　单位：元

成本项目	还原前总成本	第二生产步骤半成品成本	成本项目所占比重	还原额	第一生产步骤半成品成本	成本项目所占比重	还原额	还原后总成本
直接材料（半成品）								
直接人工								

续表

成本项目	还原前总成本	第二生产步骤半成品成本	成本项目所占比重	还原额	第一生产步骤半成品成本	成本项目所占比重	还原额	还原后总成本
制造费用								
合计								

业务分析题五

（一）目的：训练综合结转分步法。

（二）资料：某企业生产乙产品，分两个生产步骤，不设半成品库，采用综合结转分步法计算产品成本。

（三）要求：根据已知资料填制各生产步骤成本计算单，如表 3–24、表 3–25 所示。

表 3–24　第一生产步骤成本计算单　　单位：元

成本项目	直接材料	直接人工	制造费用	合计
月初在产品成本	40 000	12 000	28 000	80 000
本月发生生产费用	100 000	18 000	62 000	180 000
生产费用合计				
完工半成品成本				
月末在产品成本	60 000	10 000	40 000	110 000

表 3–25　第二生产步骤成本计算单　　单位：元

成本项目	半成品	直接人工	制造费用	合计
月初在产品成本	30 000	15 000	5 000	50 000
本月发生生产费用		80 000	30 000	
生产费用合计				
完工产品成本				
月末在产品成本	45 000	16 000	6 000	67 000

业务分析题六

（一）目的：训练分步法。

（二）资料：某企业生产乙产品，分两个生产步骤，半成品不经过半成品仓库，原材料在第一生产步骤一次性投入，完工程度为 50%。产成品耗用各生产步骤半成品均为 1 件。费用资料见本题成本计算单，产量记录见表 3–26。

表 3-26 产量记录表

产品名称：乙产品　　2024 年 10 月　　单位：件

项目	第一车间	第二车间
月初在产品	300	200
本月投产	900	800
本月完工	800	600
月末在产品	400	400

（三）要求：

1. 采用综合结转分步法计算产品成本，计算并填制各车间成本计算单（见表 3-27、表 3-28），编制成本还原计算表（表 3-29）。

2. 采用平行结转分步法计算并填制各车间成本计算单（见表 3-30 至表 3-32）。

表 3-27 成本计算单（综合结转分步法）

生产车间：第一车间

产品名称：乙半成品　　2024 年 10 月　　金额单位：元

项目	直接材料	直接人工	制造费用	合计
月初在产品成本	9 000	1 000	1 200	11 200
本月发生生产费用	87 000	12 500	16 000	115 500
生产费用合计				
约当总产量 / 件				
分配率				
完工半成品成本				
月末在产品成本				

表 3-28 成本计算单（综合结转分步法）

生产车间：第二车间

产品名称：乙产品　　2024 年 10 月　　金额单位：元

项目	半成品	直接人工	制造费用	合计
月初在产品成本	15 000	1 000	1 250	17 250
本月本步发生生产费用		12 000	13 950	25 950
上一生产车间转入成本				
生产费用合计				
约当总产量 / 件				
分配率				
完工产品成本				
月末在产品成本				

表 3-29　成本还原计算表

产品名称：乙产品　　2024 年 10 月　　单位：元

项目	还原分配率	半成品	直接材料	直接人工	制造费用	合计
还原前产品总成本						
本月所产半成品成本						
产成品成本中半成品的成本还原						
还原后产成品总成本						

表 3-30　成本计算单（平行结转分步法）

生产车间：第一车间

产品名称：乙产品　　2024 年 10 月　　金额单位：元

项目	直接材料	直接人工	制造费用	合计
月初在产品成本	9 000	1 000	1 200	11 200
本月发生生产费用	87 000	12 500	16 000	115 500
生产费用合计				
完工产品数量 / 件				
广义在产品约当产量 / 件				
约当总产量 / 件				
分配率				
计入产成品份额				
月末在产品成本				

表 3-31　成本计算单（平行结转分步法）

生产车间：第二车间

产品名称：乙产品　　2024 年 10 月　　金额单位：元

摘要	直接材料	直接人工	制造费用	合计
月初在产品成本		1 000	1 250	2 250
本月发生生产费用		12 000	13 950	25 950
生产费用合计				
完工产品数量 / 件				
广义在产品约当产量 / 件				
约当总产量 / 件				
分配率				
计入产成品份额				
月末在产品成本				

表 3-32　产成品成本汇总表

产品名称：乙产品　　2024 年 10 月　　单位：元

项目	直接材料	直接人工	制造费用	合计
第一车间计入产成品份额				
第二车间计入产成品份额				
合计				

五、Excel 应用实操题

A 产品的生产分两个生产步骤进行，第一生产步骤将原材料加工成半成品，第二生产步骤将第一生产步骤生产的半成品加工成产成品。第二生产步骤的产成品耗用第一生产步骤的半成品数量为 1 件。原材料于第一生产步骤开始时一次性投入。其成本计算采用平行结转分步法（采用约当产量法分配完工产品和在产品成本）。2024 年 9 月有关 A 产品的资料如表 3-33、表 3-34 所示。

表 3-33　本月的产量及加工程度资料

产品名称：A 产品　　2024 年 9 月　　单位：件

项目	第一生产步骤	第二生产步骤
月初在产品产量	150	250
本月投产数量	1 000	1 050
本月完工数量	1 050	1 000
月末在产品数量	100	300
月末在产品完工程度	40%	50%

表 3-34　期初在产品成本和本月发生生产费用资料

单位：元

项目		直接材料	直接人工	制造费用	合计
第一步骤	月初在产品成本	204 000.00	126 750.00	133 250.00	464 000.00
	本月发生的生产费用	496 000.00	382 450.00	402 750.00	1 281 200.00
	合计	700 000.00	509 200.00	536 000.00	1 745 200.00
第二步骤	月初在产品成本	—	58 500.00	61 500.00	120 000.00
	本月发生的生产费用	—	384 250.00	392 750.00	777 000.00
	合计	—	442 750.00	454 250.00	897 000.00

要求：根据以上资料，请使用 Excel 工具，采用平行结转分步法来计算产品成本并填制表 3-35 至表 3-37。分配率保留两位小数，金额保留两位小数，其余数额保留整数位。

表 3-35 第一生产步骤成本计算单

2024 年 9 月 金额单位：元

项目	直接材料	直接人工	制造费用	合计
月初在产品成本				
本月发生生产费用				
生产费用合计				
完工产品数量 / 件				
在产品约当产量 / 件				
约当总产量 / 件				
分配率				
应计入产成品成本份额				
月末在产品成本				

表 3-36 第二生产步骤成本计算单

2024 年 9 月 金额单位：元

项目	直接材料	直接人工	制造费用	合计
月初在产品成本				
本月发生生产费用				
生产费用合计				
完工产品数量 / 件				
在产品约当产量 / 件				
约当总产量 / 件				
分配率				
应计入产成品成本份额				
月末在产品成本				

表 3-37 产品成本汇总表

2024 年 9 月 单位：元

项目	直接材料	直接人工	制造费用	合计
第一步骤成本份额				
第二步骤成本份额				
合计				
单位产品成本				

六、仿真实训

（一）实训目的

通过本实训，熟悉“分步法”成本计算的一般原理和程序，掌握产品成本计算分步法的操作技能，达到能胜任中小企业成本核算岗位的会计工作。

（二）实训资料

1. 企业概况

江南纺织厂是一家多步骤大量大批生产的中型棉纺织企业，主要生产产品：纯棉纱、混纺纱、坯布、印花布。

该厂设纺纱分厂、织造分厂和印染分厂三个生产分厂及锅炉和供电两个辅助生产分厂。锅炉分厂从事蒸汽生产，供电分厂从事电力配送。

该厂主要生产32支纯色平纹针织布和45支斜纹印花布，其生产工艺流程如下：纺纱分厂纺出各种棉纱，检验合格后交自制半成品仓库；织造分厂从自制半成品仓库领用各种棉纱，经准备、织造和整理后形成的平纹和斜纹坯布，直接交印染分厂；印染分厂将坯布经过漂白、染色、印花以及整理包装等生产步骤，制成各种色布或花布，经检验合格后交成品仓库。

2. 财务制度及有关规定

（1）资产部分。

① 材料、自制半成品、产成品等存货均按实际成本计价核算。发出时采用先进先出法计算其发出成本。

② 固定资产折旧采用平均年限法。

（2）产品成本核算部分。

① 该厂实行厂部一级核算。产品成本项目为：直接材料、直接人工、制造费用和动力费用。

② 该厂成本计算方法以分步法为主，结合运用品种法。纺纱分厂以纯棉18支纱、32支纱和45支纱为成本计算对象，采用品种法计算棉纱成本（见第二章仿真实训）。该厂按照“纺纱分厂→半成品仓库→织造分厂→印染分厂”的顺序采用逐步结转分步法下的综合结转方式计算各种棉布成本。织造分厂以32支平纹坯布和45支斜纹坯布为成本计算对象，印染分厂以32支纯色平纹针织布和45支斜纹印花布为成本计算对象。

由于产品成本中，直接材料费用所占比重较大，所以在产品只负担直接材料费用，不负担加工费用。材料在生产开始时一次性投入。

③ 各项间接费用分配方法：外购水电费按耗用数量比例分配；生产用水用电按产品完工产量比例分配；辅助生产费用按直接分配方法分配；印染分厂间接材料费用按完工产量比例分配；其他间接费用均按各产品定额工资比例分配。

④ 各项费用分配率均精确到0.000 1，尾差计入最后的项目。

3. 江南纺织厂2024年10月成本核算相关资料如下：

（1）产量及各项定额资料如表3–38至表3–40所示。

表 3-38　产量资料表

单位：百米

分厂及产品名称		月初在产品数量	本月投产数量	本月完工数量	月末在产品数量
织造分厂	平纹坯布	200	4 000	4 100	100
	斜纹坯布	240	2 500	2 600	140
印染分厂	纯色平纹针织布	100	4 100	4 000	200
	斜纹印花布	140	2 600	2 500	240

表 3-39　期初有关账户余额表

单位：元

分厂及产品名称		直接材料	直接人工	制造费用	合计
织造分厂	平纹坯布	55 496			55 496
	斜纹坯布	113 620			113 620
印染分厂	纯色平纹针织布	50 000			50 000
	斜纹印花布	114 800			114 800

表 3-40　产品定额资料表

单位：元 / 百米

分厂及产品名称		定额工资
织造分厂	平纹坯布	5.14
	斜纹坯布	5.65
印染分厂	纯色平纹针织布	4.34
	斜纹印花布	4.85

（2）本月材料领用情况如表 3-41 至表 3-47 所示。

表 3-41　领 料 单 1

江南纺织厂领料单

2024 年 10 月 1 日

领料单位：织造分厂　　用途：生产平纹坯布　　金额单位：元

材料名称	规格	计量单位	数量		价格		备注
			请领	实领	单价	金额	
32 支纱		吨	41	41	29 197	1 197 077	

领料单位负责人：李乐　　领料人：陈明　　发料人：陈青　　制单：王旭

表 3-42 领 料 单 2

江南纺织厂领料单

2024 年 10 月 1 日

领料单位：织造分厂　　用途：生产斜纹坯布　　金额单位：元

材料名称	规格	计量单位	数量		价格		备注
			请领	实领	单价	金额	
45 支纱		吨	38	38	33 723	1 281 474	

领料单位负责人：李乐　　领料人：陈明　　发料人：陈青　　制单：王旭

表 3-43 领 料 单 3

江南纺织厂领料单

2024 年 10 月 1 日

领料单位：织造分厂　　用途：一般耗用　　金额单位：元

材料名称	规格	计量单位	数量		价格		备注
			请领	实领	单价	金额	
辅助材料		吨	2	2	1 000	2 000	

领料单位负责人：李乐　　领料人：陈明　　发料人：陈青　　制单：王旭

表 3-44 领 料 单 4

江南纺织厂领料单

2024 年 10 月 1 日

领料单位：锅炉分厂　　用途：一般耗用　　金额单位：元

材料名称	规格	计量单位	数量		价格		备注
			请领	实领	单价	金额	
燃料		吨	100	100	650	65 000	

领料单位负责人：李乐　　领料人：陈明　　发料人：陈青　　制单：王旭

表 3-45　领 料 单 5

江南纺织厂领料单

2024 年 10 月 8 日

领料单位：供电分厂　　用途：一般耗用　　金额单位：元

材料名称	规格	计量单位	数量		价格		备注
			请领	实领	单价	金额	
其他材料		件	18	18	300	5 400	

领料单位负责人：李乐　　领料人：陈明　　发料人：陈青　　制单：王旭

表 3-46　领 料 单 6

江南纺织厂领料单

2024 年 10 月 1 日

领料单位：印染分厂　　用途：生产产品用　　金额单位：元

材料名称	规格	计量单位	数量		价格		备注
			请领	实领	单价	金额	
辅助材料		吨	10	10	11 675.30	116 753	

领料单位负责人：李乐　　领料人：陈明　　发料人：陈青　　制单：王旭

表 3-47　领 料 单 7

江南纺织厂领料单

2024 年 10 月 1 日

领料单位：印染分厂　　用途：一般耗用　　金额单位：元

材料名称	规格	计量单位	数量		价格		备注
			请领	实领	单价	金额	
其他材料		吨	30	30	100	3 000	

领料单位负责人：李乐　　领料人：陈明　　发料人：陈青　　制单：王旭

（3）本月工资结算汇总表、其他费用汇总表和折旧费用资料如表 3-48 至表 3-50 所示。

表 3-48 工资结算汇总表

单元：元

部门（或车间）	基本工资	津贴	奖金	应付工资合计	各项代扣款	实发工资
织造分厂						
1. 生产工人	197 368	12 112	11 056	220 536	（略）	（略）
2. 车间管理人员	18 120	6 040	6 040	30 200		
小计	215 488	18 152	17 096	250 736		
印染分厂						
生产工人	154 960	13 980	13 670	182 610		
车间管理人员	39 200	11 200	5 600	56 000		
小计	194 160	25 180	19 270	238 610		
锅炉分厂	13 230	3 780	1 890	18 900		
供电分厂	11 060	3 160	1 580	15 800		
合计	433 938	50 272	39 836	524 046		

表 3-49 其他费用汇总表

单位：元

部门（或车间）	办公费	报刊	保险费	合计
织造分厂	2 000	100	5 670	7 770
印染分厂	1 500	150	6 000	7 650
锅炉分厂	200	120	3 000	3 320
供电分厂	340	80	3 800	4 220
合计	4 040	450	18 470	22 960

表 3-50 折旧费用资料

单位：元

部门（或车间）	资产类别	原始价值	月折旧率	月折旧额	备注
织造分厂	厂房	2 000 000	0.35%		
	机器设备	10 000 000	0.42%		
印染分厂	厂房	180 000	0.35%		
	机器设备	8 000 000	0.42%		
锅炉分厂	厂房	500 000	0.35%		
	机器设备	400 000	0.42%		
供电分厂	厂房	400 000	0.35%		
	机器设备	300 000	0.42%		
合计					

（4）江南纺织厂本月共支付水费 40 000 元，各部门耗用水量如表 3–51 所示。

表 3–51 外购水费分配表 金额单位：元

劳务种类	单位	各受益对象耗用						
		织造分厂一般耗用		印染分厂生产产品用	印染分厂生产一般耗用	锅炉分厂耗用	供电分厂耗用	管理部门耗用
水	吨	数量	1 000	3 000	2 000	3 000	200	800
		金额						

（5）江南纺织厂本月共支付电费 50 000 元，各部门耗用电量如表 3–52 所示。

表 3–52 外购电费分配表 金额单位：元

劳务种类	单位	各受益对象耗用							
		织造分厂动力用电		织造分厂车间照明用	印染分厂动力用电	印染分厂生产照明用	锅炉分厂耗用	供电分厂耗用	管理部门耗用
电	千瓦时	数量	20 000	5 000	15 000	5 000	2 000	1 000	2 000
		金额							

（6）辅助生产车间提供劳务量如表 3–53 所示。

表 3–53 辅助生产车间提供劳务量表

受益对象（生产单位和部门）	锅炉车间 / 立方米	供电车间 / 千瓦时
锅炉分厂耗用		200
供电分厂耗用	1 000	—
织造分厂生产产品用	22 000	—
织造分厂车间一般耗用	8 000	2 000
印染分厂生产产品用	30 000	—
印染分厂车间一般耗用	6 000	1 500
管理部门耗用	2 000	300
合计	69 000	4 000

（三）实训操作要求

1. 实训时间：二周。

2. 实训业务由成本核算员 1 人独立完成。

3. 实训程序及要求：

（1）根据所提供的资料，开设基本生产成本、辅助生产成本、制造费用明细账，登记期初余额。

（2）依据提供的资料进行整理归集和审核，填制原始凭证或原始凭证汇总表；对需要分配的费用，选择合理的分配标准进行分配并编制费用分配表。

（3）依据费用分配表资料，编制会计分录（记账凭证），登记相关账簿（总账及明细账）。

（4）清查盘点月末在产品数量，计算确定本期完工产品总成本和单位成本。

（5）进行实训自我总结，撰写书面材料报告（不少于 1 000 字）。

（四）实训凭证、账簿

1. 记账凭证 25 张。

2. 三栏式总账 3 张。

3. 多栏式明细账 8 张。

4. 各种费用分配表 14 张。

（五）请根据仿真实训中的资料，利用 Excel 工具分别编制材料费用分配表、工资费用分配表、三险一金及离职后福利计提表、其他费用汇总表、固定资产折旧计算表、辅助生产费用分配表、制造费用分配表、完工产成品成本汇总表。

第四章

成本核算的分批法

学习目标

了解分批法的概念、特点和适用范围，掌握分批法的成本计算程序，并能够熟练运用分批法和简化分批法进行产品成本核算。

学习重难点

学习重点：理解分批法的特点、适用范围，能够运用分批法进行产品成本核算。

学习难点：正确理解简化分批法，并能够运用简化分批法进行成本核算。

【知识点回顾】

知识点	内容
分批法的概念	分批法是指以产品的批别（单件生产为件别）作为成本核算对象，用以归集生产耗费和支出，并计算产品生产成本的方法
分批法的特点	1. 以产品的批别（单件生产为件别）为成本计算对象，产品批别要根据企业组织生产的具体特点来确定； 2. 成本计算期与生产周期基本一致； 3. 一般不需要在完工产品与在产品之间分配生产成本
分批法的适用范围	分批法主要适用于小批、单件、管理上不要求分步骤计算产品成本的多步骤生产，有时也适用于按小批、单件组织生产而管理上又要求分批计算产品成本的单步骤生产企业
简化分批法的概念	简化分批法是将企业所有各批产品的全部生产耗费都归集在基本生产成本二级账中进行集中反映，各批次产品的明细账平时只登记原材料和生产工时，待某批产品完工时，再计算该批完工产品成本，不分批计算在产品成本，所有各批的在产品的成本都集中在基本生产成本二级账中以总额形式进行反映的一种成本计算方法
简化分批法的特点	1. 必须设置基本生产成本二级账； 2. 各批产品明细账平时只登记直接材料费用和生产工时，不登记间接费用和在产品成本，只有在产品完工时才按照该批完工产品累计生产工时和累计间接费用分配率计算出完工产品的间接费用，并登记入账； 3. 不分批计算月末在产品成本。各批产品成本明细账不提供该批产品的在产品成本，各批在产品成本以总额的形式集中反映在基本生产成本的二级账中
简化分批法的适用范围	在小批、单件生产的企业或车间中，如果同一月份投产的产品批数很多，有几十批甚至上百批，且月末未完工的批数也较多，那么适用于使用简化分批法

【典型例题分析】

一、单项选择题

下列关于分批法的表述中，不正确的是（　　）。

A. 成本核算对象是产品的批别

B. 产品成本计算期与产品生产周期基本一致

C. 不存在在完工产品和在产品之间分配费用的问题

D. 适用于单件、小批生产企业

【答案】C

【分析】本题考核分批法的特点。在分批法下，如果批内产品跨月陆续完工，就要在完工产品与在产品之间分配费用。

二、多项选择题

分批法的特点有（　　）。

A. 产品成本计算期与产品生产周期基本一致，成本计算不定期

B. 月末无须进行在产品与完工产品之间的费用分配

C. 比较适用于冶金、纺织、机械制造行业企业

D. 以成本计算的品种法原理为基础

【答案】AD

【分析】在分批法下，产品成本的计算与产品生产周期相关联，因此产品成本计算是不定期的，所以选项 A 正确；在计算产品成本时，一般不存在在完工产品与在产品之间费用的分配问题。但在某些特殊情况下，如在批内产品跨月陆续完工的时候，就要在完工产品与在产品之间分配费用，以便计算完工产品成本和月末在产品成本，故并非在分批法下，月末都无须进行在产品与完工产品之间的费用分配，故选项 B 错误；由于冶金、纺织、机械制造并不是小批、单件生产，适合的方法应该是分步法，故选项 C 与题意不符，不可选取；产品成本计算的品种法，是按照产品品种计算产品成本的最基本的一种方法，也是产品成本计算中最一般、最基础的要求，其他成本计算方法都是以品种法为基础的，故选项 D 正确。

三、判断题

在分批法下，如果是小批生产，批内产品一般都能同时完工，在月末计算成本时，或是全部已经完工，或是全部没有完工，因而一般不存在在完工产品与在产品之间分配费用的问题。（　　）

【答案】√

【分析】本题考核分批法的特点，在小批生产，批内产品能同时完工的情况下，一般不存在在完工产品与在产品之间分配费用的问题。

【职业能力训练】

一、单项选择题

1. 简化分批法是（　　）。

   A. 分批计算在产品成本的分批法　　B. 不分批计算在产品成本的分批法

   C. 不计算在产品成本的分批法　　D. 不分批计算完工产品成本的分批法

2. 在各种产品成本计算方法中，必须设置基本生产成本二级账的方法是（　　）。

   A. 分类法　　B. 定额法　　C. 简化分批法　　D. 平行结转分步法

3. 小批、单件生产的产品适宜采用的成本计算方法是（　　）。

   A. 品种法　　B. 分批法　　C. 分步法　　D. 分类法

4. 产品成本计算的分批法，适用的生产组织是（　　）。

   A. 大量大批生产　　B. 大量小批生产

   C. 成批生产　　D. 小批单件生产

5. 采用简化的分批法，累计间接计入费用分配率（　　）。

   A. 只是各批产品之间分配间接计入费用的依据

   B. 只是各批在产品之间分配间接计入费用的依据

C. 既是各批产品之间又是完工产品与月末在产品之间分配间接计入费用的依据

D. 是完工产品与月末在产品之间分配间接计入费用的依据

6. 对于成本计算的分批法，下列说法正确的是（　　）。

A. 不存在在完工产品与在产品之间分配费用的问题

B. 成本计算期与会计报告期一致

C. 适用于小批、单件、管理上不要求分步骤计算成本的多步骤生产

D. 以上说法全正确

7. 分批法的成本核算对象是（　　）。

A. 产品订单　　B. 产品批别　　C. 生产计划　　D. 产品品种

8. 简化的分批法（　　）。

A. 不分配结转完工产品直接计入费用

B. 不分配结转未完工产品直接计入费用

C. 不分配结转完工产品间接计入费用

D. 不分配结转未完工产品间接计入费用

9. 简化分批法成本核算原理中规定，产品完工之前，产品成本明细账（　　）。

A. 不登记任何费用

B. 只登记直接费用和生产工时

C. 只登记工资费用

D. 只登记间接费用，不登记直接费用

10. 江南制衣厂是单件小批生产企业，同一月份内投产的产品批数非常多，成本计算方法应采用（　　）。

A. 分步法　　B. 简化分批法　　C. 品种法　　D. 分批法

二、多项选择题

1. 产品成本计算的分批法适用于（　　）。

A. 单件小批类型的生产

B. 大量大批的多步骤生产

C. 小批量、管理上不需要分生产步骤计算产品成本的多步骤生产

D. 大量大批的单步骤生产

2. 分批法成本计算的特点有（　　）。

A. 以生产批次作为成本核算对象

B. 产品成本计算期不固定

C. 按月计算产品成本

D. 一般不需要进行完工产品和在产品成本分配

3. 采用分批法计算产品成本时，如果批内产品跨月陆续完工，（　　）。

A. 完工产品成本可以根据计划单位成本或定额单位成本计算

B. 月末要将生产费用在完工产品和在产品之间进行分配

C. 月末不需要将生产费用在完工产品和在产品之间进行分配

D. 月末不需要计算产品成本，等到全部产品完工时再计算

4. 按分批法计算产品成本时，间接生产费用的分配方法有（　　）。

A. 当月分配法　　B. 约当产量法

C. 累计分配法　　D. 综合分配率法

5. 采用分批法计算产品成本时，成本核算对象可以按（　　）。

A. 一张订单中的不同品种产品分别确定

B. 一张订单中的同种产品分批确定

C. 一张订单中单件产品的组成部分分别确定

D. 多张订单中的同种产品确定

6. 下列企业适用分批法的有（　　）。

A. 造船企业　　B. 发电企业

C. 新产品的试制企业　　D. 采煤企业

7. 简化分批法的特点有（　　）。

A. 必须按生产单位设置基本生产成本二级账

B. 未完工产品不结转间接费用，即不分批计算期末在产品成本

C. 通过计算累计间接费用分配率分配完工产品应负担的间接计入费用

D. 期末在产品不负担间接费用

8. 采用简化分批法，基本生产成本二级账与其所属各批次产品成本明细账（产品成本计算单）核对的内容包括（　　）。

A. 基本生产成本二级账直接费用（直接材料项目）余额与各明细账余额

B. 基本生产成本二级账间接费用（人工费用、制造费用项目）余额与各明细账余额

C. 基本生产成本二级账累计生产工时与各明细账累计生产工时

D. 基本生产成本二级账期末余额与各明细账期末在产品成本

三、判断题

1. 采用分批法计算产品成本时，按产品的类别计算成本。（　　）

2. 如果同一时期内，在几张订单中有相同的产品，即使为了更加经济合理地组织生产，也不能将其合为一批组织生产，计算成本。（　　）

3. 如果在一张订单中只规定一种产品，但这种产品数量较多，不便于集中一次投产或者订货单位要求分批交货，那么也可分为数批组织生产计算成本。（　　）

4. 在小批单件生产的企业或车间中，同一月份内投产的产品批数繁多，而且月末未完工产品批数较多时，可以采用简化分批法。（　　）

5. 采用简化分批法计算产品成本，必须设立基本生产成本二级账；而采用其他的方法计算产品成本，可以不设立基本生产成本二级账。（　　）

6. 采用简化分批法计算产品成本时，各批产品成本明细账中，对于没有完工产品的月份，只登记直接材料费用和生产工时。（　　）

7. 采用简化分批法计算产品成本时，各批产品成本明细账中，未完工产品的直接材料费用或生产工时之和不一定等于基本生产成本二级账中所记在产品的直接材料费用或生产工时。（　　）

8. 采用分批法计算产品成本时，如果批内产品跨月陆续完工情况不多，完工产品数量占全部批量比重较小，完工产品可按计划成本或定额成本计算。（　　）

9. 分批法一般根据用户的订单组织生产，在一份订单中即便存在多种产品也应合为一批组织生产。（　　）

10. 简化分批法也叫累计间接费用分配法。（　　）

四、业务分析题

业务分析题一

（一）目的：训练分批法。

（二）资料：某工业企业生产甲、乙两种产品，属于小批生产，采用分批法计算成本。生产情况和生产费用资料如下。

1. 4 月份生产的产品批号为：

（1）301 批号甲产品 5 台，3 月投产，本月完工。

（2）401 批号乙产品 10 台，本月投产，月末完工 2 台。

2. 4 月份的成本资料如下：

（1）301 批号甲产品的月初在产品费用为：直接材料 6 000 元，直接人工 2 000 元，制造费用 5 000 元，合计 13 000 元。各批产品本月发生的费用如表 4-1 所示。

表 4-1　各批产品本月发生的费用　　单位：元

批号	直接材料	直接人工	制造费用
301		500	1 000
401	7 000	2 000	4 000

（2）401 批号乙产品完工数量少，按计划成本结转，每台计划成本为：直接材料 900 元，直接人工 230 元，制造费用 500 元，合计 1 630 元。

3. 5 月份的成本资料如下：

401 批号乙产品全部完工，5 月份发生的直接人工为 800 元，制造费用为 1 400 元。

（三）要求：

（1）计算 4 月份各批产品的完工产品成本和月末在产品成本；

（2）计算 5 月份 401 批号乙产品的完工产品成本；

（3）计算 401 批号乙产品的全部完工产品实际总成本和单位成本；

（4）填写完成产品成本明细账（见表 4-2 至表 4-4）。

表 4-2　产品成本明细账

产品批号：301　　投产日期：3 月

产品名称：甲产品　　批量：5 台　　单位：元　　完工日期：4 月

项目	直接材料	直接人工	制造费用	合计
月初在产品费用				
本月生产费用				
生产费用合计				
完工产品成本				
完工产品单位成本				

表 4-3　产品成本明细账

产品批号：401　　投产日期：4 月

产品名称：乙产品　　批量：10 台　　单位：元　　完工日期：5 月

项目	直接材料	直接人工	制造费用	合计
本月生产费用				
单台计划成本				
本月完工 2 台产品成本				
月末在产品成本				

表 4-4　产品成本明细账

产品批号：401　　投产日期：4 月

产品名称：乙产品　　批量：10 台　　单位：元　　完工日期：5 月

项目	直接材料	直接人工	制造费用	合计
月初在产品费用				
本月生产费用				
生产费用合计				
本月完工 8 台产品成本				
完工产品单位成本				

业务分析题二

（一）目的：训练简化分批法。

（二）资料：某企业基本生产车间，小批生产甲、乙、丙三种产品，采用简化分批法计算产品成本，产品成本明细账设有“直接材料”“直接人工”“制造费用”三个成本项目。有关资料如下：

1. 202× 年 8 月末结存在产品 2 批：801 批号甲产品 3 件，802 批号乙产品 5 件，月末在产品以及耗用生产工时资料见基本生产成本二级账以及产品成本明细账。

2. 202× 年 9 月发生下列经济业务：

（1）领用材料 40 000 元，其中：本月投产 901 批号丙产品 9 件耗用 31 500 元；上月投产的 802 批号乙产品耗用 1 000 元；基本生产车间机物料消耗 7 500 元。

（2）分配工资费用 18 480 元，其中：车间生产工人工资 16 450 元，车间管理人员工资 2 030 元。

（3）基本生产车间计提固定资产折旧费 1 500 元。

（4）用银行存款支付基本生产车间其他支出 8 720 元。

（5）耗用生产工时 8 250 小时，其中：801 批号甲产品耗用 500 小时，802 批号乙产品耗用 1 000 小时，901 批号丙产品耗用 6 750 小时。

（6）801 批号甲产品全部完工；802 批号乙产品完工 2 件，按计划成本和定额生产工时分别结转完工产品的直接材料费用和生产工时，单位产品的计划直接材料费用为 1 650 元，定额生产工时为 750 小时。

（三）要求：填列完成基本生产成本二级账和有关产品成本明细账，见表 4–5 至表 4–8。

表 4-5　基本生产成本二级账　　金额单位：元

月	日	摘要	生产工时 / 小时	直接材料	直接人工	制造费用	成本合计
9	1	在产品成本	4 250	17 500	8 550	11 500	37 550
9	30	本月发生					
9	30	累计					
9	30	累计间接费用分配率					
9	30	本月完工结转					
9	30	在产品成本					

表 4-6　产品成本明细账

产品批号：801　　投产日期：8 月　　完工日期：

产品名称：甲　　产品批量：3 件　　金额单位：元

月	日	摘要	生产工时 / 小时	直接材料	直接人工	制造费用	成本合计
9	1	在产品成本	2 000	10 000			
9	30	本月发生					
9	30	累计					
9	30	累计间接费用分配率					
9	30	本月完工转出					

表 4-7　产品成本明细账

产品批号：802　　投产日期：8 月　　完工日期：

产品名称：乙　　产品批量：5 件　　金额单位：元

月	日	摘要	生产工时 / 小时	直接材料	直接人工	制造费用	成本合计
9	1	在产品成本	2 250	7 500			
9	30	本月发生					
9	30	累计					
9	30	累计间接费用分配率					
9	30	本月完工转出					
9	30	在产品成本					

表 4-8　产品成本明细账

产品批号：901　　投产日期：9 月　　完工日期：

产品名称：丙　　产品批量：9 件　　金额单位：元

月	日	摘 要	生产工时 / 小时	直接材料	直接人工	制造费用	成本合计
9	30	本月发生					

业务分析题三

（一）目的：训练分批法

（二）资料：某工业企业生产甲、乙两种产品。生产组织属于小批生产，采用分批法计算成本。202× 年 4 月份的生产情况和生产费用资料如下：

1. 本月份生产的产品批号有：

2051 批号：甲产品 12 台，本月投产，本月完工 8 台。

2052 批号：乙产品 10 台，本月投产，本月完工 3 台。

2. 本月份的成本资料见表 4-9：

表 4-9　本月份的成本资料　　单位：元

批号	直接材料	燃料	直接人工	制造费用
2051	6 840	1 452	4 200	2 450
2052	9 600	1 600	6 800	4 680

（1）2051 批号甲产品完工数量较大，完工产品与在产品之间分配费用采用约当产量法。在产品完工率为 50%，原材料在生产开始时一次投入。

（2）2052 批号乙产品完工数量少，完工产品按计划成本结转。每台计划成本为：直接材料 880 元，燃料 140 元，直接人工 720 元，制造费用 450 元。

（三）要求：根据上列资料，采用分批法登记产品成本明细账（见表 4-10、表 4-11），计算各批产品的完工产品成本和月末在产品成本。

表 4-10 产品成本明细账

产品批号：2051　　投产日期：4 月　　完工情况：4 月完工 8 台

产品名称：甲　　产品批量：12 台　　单位：元

项目	直接材料	燃料	直接人工	制造费用	合计
本月生产费用					
完工产品成本					
完工产品单位成本					
月末在产品成本					

表 4-11 产品成本计算单

产品批号：2052　　投产日期：4 月　　完工情况：4 月完工 3 台

产品名称：乙　　产品批量：10 台　　单位：元

项目	直接材料	燃料	直接人工	制造费用	合计
本月生产费用					
完工产品成本					
单位计划成本					
月末在产品成本					

五、仿真实训

（一）实训目的

通过本实训，熟悉“分批法”成本计算的一般原理和程序，掌握成本计算分批法的操作技能，达到能胜任中小企业成本核算岗位的会计工作。

（二）实训操作要求

1. 由成本核算员 1 人独立完成。

2. 实训时间：2 学时。

3. 步骤与要求：

（1）根据实际需要，设置必要的成本核算账户。

（2）采用分批法进行成本核算，计算本月完工产品总成本和单位成本。

（3）做出相关业务的会计分录，并登记明细账和总账。

（三）实训资料

资料 1：实训企业概况

江南纺织厂是一家中型棉纺织企业，主要生产产品有：纯棉纱、混纺纱、坯布、印花布……

该厂设三个分厂：纺纱分厂、织造分厂和印染分厂；一个辅助生产车间：配电车间。

该厂成本计算采用分批法，产品投产前，生产计划部门根据订单下达生产任务通知单据以组织生产。财会部门根据生产任务通知单的生产批号开设成本计算单（基本生产成本明细账），归集各批号所发生的各项生产费用，集中计算各批产品成本。只计算各批号的总成本和按各批产量计算的平均单位成本。成本项目设有“直接材料”“燃料及动力”“直接人工”和“制造费用”四个项目。

资料 2：实训企业产品成本资料

1. 期初资料：

（1）玫瑰印花布（生产批号 0801）。2024 年 8 月 20 日根据生产订单投产 3 000 米，8 月份没有完工，9 月份生产完工产品 1 000 米，每米按计划单位成本 20 元结转。10 月初有在产品 2 000 米。

（2）百合印花布（生产批号 0901）。2024 年 9 月接到订单生产百合印花布 4 000 米，9 月 25 日根据生产订单本月投产 1 500 米，9 月份全部未完工。10 月初有在产品 1 500 米。

（3）计划单位成本见表 4–12。

表 4–12　计划单位成本　　单位：元

产品名称	直接材料	燃料及动力	直接人工	制造费用	合计
玫瑰印花布（生产批号 0801）	12	1	5	3	21
百合印花布（生产批号 0901）	11	0.8	4	3	18.8

（4）月初各批产品在产品成本见表 4–13。

表 4–13　月初在产品成本表　　单位：元

产品名称	直接材料	燃料及动力	直接人工	制造费用	合计
玫瑰印花布（生产批号 0801）	24 800	1 500	4 500	2 650	33 450
百合印花布（生产批号 0901）	13 000	2 200	5 000	5 000	25 200

2. 本月生产情况：

（1）玫瑰印花布（生产批号 0801）。10 月份生产完工产品 2 000 米，该产品截至 10 月全部完工。

（2）百合印花布（生产批号 0901）。10 月份投入生产 2 500 米，本月完工 2 000 米，每米计划生产成本 18 元转出，另 2 000 米仍在车间进行加工。

（3）向日葵印花布（生产批号 1001）。10 月 5 日根据生产订单投产 2 000 米，当月投产当月完工。

（4）10 月份生产月报统计，本月完工产品产量以及生产工时情况见表 4–14。

表 4-14 产品产量以及生产工时统计表

2024 年 10 月　　单位：米

产品名称及批号	玫瑰印花布（生产批号 0801）	百合印花布（生产批号 0901）	向日葵印花布（生产批号 1001）	合计
月初在产品	2 000	1 500		3 500
本月投产		2 500	2 000	4 500
本月完工	2 000	2 000	2 000	6 000
月末在产品		2 000		2 000
生产工时 / 小时	600	1 200	900	2 700

3. 本月生产费用发生情况如下：

（1）10 月 31 日分配材料费用，见表 4-15。

表 4-15 材料费用分配表

2024 年 10 月　　单位：元

材料名称	基本生产成本				制造费用	辅助生产成本	管理费用	合计
	玫瑰印花布（生产批号 0801）	百合印花布（生产批号 0901）	向日葵印花布（生产批号 1001）	小计				
化纤		30 250	26 400	56 650				56 650
棉布	200	220	250	670				670
辅助材料	220	230		450				450
修理配件					200	400		600
其他材料					100	50	200	350
合计	420	30 700	26 650	57 770	300	450	200	58 720

（2）10 月 31 日分配动力费用（耗电 3 000 千瓦时，银行存款支付动力费 3 600 元），外购动力费用分配表见表 4-16。

表 4-16 外购动力费用分配表

2024 年 10 月　　金额单位：元

车间部门		生产车间		耗电 / 千瓦时	分配率	金额合计
		工时 / 小时	分配率			
生产车间	玫瑰印花布（生产批号 0801）	600		420		504
	百合印花布（生产批号 0901）	1 200		840		1 008

续表

车间部门		生产车间		耗电 / 千瓦时	分配率	金额合计
		工时 / 小时	分配率			
生产车间	向日葵印花布（生产批号 1001）	900		630		756
	小计	2 700	0.7	1 890		2 268
	车间照明			350		420
机修车间				450		540
管理部门				310		372
合计				3 000	1.2	3 600

（3）10 月 31 日分配工资费用，工资及福利费分配表见表 4-17。

表 4-17　工资及福利费分配表

2024 年 10 月　　金额单位：元

车间部门		应付工资			应付福利费（14%）	合计
		工时 / 小时	分配率	金额		
生产车间	玫瑰印花布（生产批号 0801）	600		4 800	672	5 472
	百合印花布（生产批号 0901）	1 200		9 600	1 344	10 944
	向日葵印花布（生产批号 1001）	900		7 200	1 008	8 208
	小计	2 700	8	21 600	3 024	24 624
制造费用				750	105	855
机修车间				2 200	308	2 508
管理部门				4 000	560	4 560
合计				28 550	3 997	32 547

（4）10 月 31 日计提固定资产折旧，固定资产折旧计算表见表 4-18。

表 4-18　固定资产折旧计算表

2024 年 10 月　　单位：元

车间部门	房屋建筑物	机器设备	折旧额合计
基本生产车间	2 700	3 700	6 400
机修车间	1 640	1 960	3 600
管理部门	800	280	1 080
合计	5 140	5 940	11 080

（5）10 月 31 日分配其他费用，如表 4-19 所示。

表 4-19　其他费用分配表

2024 年 10 月　　单位：元

车间部门	办公费	水费	差旅费	其他	合计
基本生产车间	170	480	145	80	875
机修车间	60	262	50	30	402
管理部门	48	15	196	21	280
合计	278	757	391	131	1 557

（6）10 月 31 日分配辅助生产费用，10 月份机修车间劳务提供情况如表 4-20、表 4-21 所示。

表 4-20　机修车间劳务通知单

2024 年 10 月

车间部门	生产车间	管理部门	合计
劳务量 / 小时	1 200	300	1 500

表 4-21　辅助生产费用分配表

2024 年 10 月　　金额单位：元

受益部门	劳务量 / 小时	分配率	金额
生产车间	1 200		6 000
管理部门	300		1 500
合计	1 500	5	7 500

（7）10 月 31 日分配制造费用，见表 4-22。

表 4-22　制造费用分配表

2024 年 10 月　　金额单位：元

产品名称	生产工时 / 小时	分配率	金额
玫瑰印花布（生产批号 0801）	600		3 300
百合印花布（生产批号 0901）	1 200		6 600
向日葵印花布（生产批号 1001）	900		4 950
合计	2 700	5.5	14 850

（8）10 月 31 日完工产品入库。请填制产品成本计算单，见表 4-23 至表 4-26。

表 4-23　产品成本计算单

产品名称：　　批别：　　年　月　　金额单位：元

2024 年		摘要	产量 / 米	直接材料	燃料及动力	直接人工	制造费用	成本合计
月	日							
10	1	月初在产品成本						
		本月生产费用						
		生产费用合计						
		完工产品总成本						
		完工产品单位成本						
		月末在产品成本						

表 4-24　产品成本计算单

产品名称：　　批别：　　年　月　　金额单位：元

2024 年		摘要	产量 / 米	直接材料	燃料及动力	直接人工	制造费用	成本合计
月	日							
10	1	月初在产品成本						
		本月生产费用						
		生产费用合计						
		完工产品总成本						
		完工产品单位成本						
		月末在产品成本						

表 4-25　产品成本计算单

产品名称：　　批别：　　年　月　　金额单位：元

2024 年		摘要	产量 / 米	直接材料	燃料及动力	直接人工	制造费用	成本合计
月	日							
10	1	月初在产品成本						
		本月生产费用						
		生产费用合计						
		完工产品总成本						
		完工产品单位成本						
		月末在产品成本						

表 4-26 完工产品总成本汇总表

金额单位：元

产品名称	完工产量/米	直接材料	燃料及动力	直接人工	制造费用	合计	
						总成本	单位成本
玫瑰印花布（产品批号 0801）							
百合印花布（产品批号 0901）							
向日葵印花布（产品批号 1001）							
合计							

（四）实训凭证

记账凭证 10 张；

三栏式总账 3 张；

多栏式生产成本明细账 3 张；

费用明细账 1 张。

（五）请根据仿真实训中的资料，利用 Excel 工具分别编制材料费用分配表、外购动力分配表、工资及福利费分配表、固定资产折旧计算表、其他费用汇总表、辅助生产费用分配表、制造费用分配表、完工产品总成本汇总表。

第五章 成本核算的分类法

学习目标

掌握分类法的概念、适用范围与计算程序，采用系数分配法进行类内产品成本计算；掌握分离点上的联产品联合成本以及副产品成本的计算。

学习重难点

学习重点：掌握分类法的适用范围与计算程序，掌握联产品与副产品的概念与成本计算。

学习难点：掌握系数分配法的应用，联产品联合成本与副产品成本的计算。

【知识点回顾】

知识点	内容
分类法的概念和适用范围	分类法是先将产品按一定标准分为若干类别，按类别归集生产费用，计算出每类产品的成本；然后再按一定标准将每类产品的成本分配给该类内各种产品，从而计算出每一种产品成本的辅助成本核算方法。 分类法主要适用于生产的产品种类、规格繁多，并且可以对产品按一定标准进行分类的企业
分类法的计算程序	1. 对种类、规格繁多的产品按一定标准进行分类； 2. 按产品类别设置产品成本明细账，归集生产费用； 3. 期末如果某类产品既有完工产品，又有在产品，要采用一定方法，分配本类产品的完工产品成本与在产品成本； 4. 选择合理的分配标准计算出类内各种产品的总成本和单位成本
系数分配法	系数分配法是指计算出各类产品总成本后，按照系数分配类内各种产品成本的方法。系数在这里是指各种规格产品之间的比例关系。即将各种产品按一定标准折算成系数（标准产品的产量），然后按照各种产品的总系数（标准产品产量）向各种产品分配费用
联产品的概念	联产品是指企业利用同样的原材料，经过同样生产工艺过程的加工，同时生产出两种或两种以上具有同等地位但用途不同的主要产品
副产品的概念	副产品是指企业使用同种原材料，经过同一生产工艺加工，在生产出主要产品的同时附带生产出来的一些非主要产品
联产品联合成本的分配	在各种联产品分离前必须将其视为一类产品，采用分类法来归集生产中所发生的各项费用，在各联产品进行分离时采用一定的分配方法将归集的联合成本在各联产品之间进行分配，以确定每种联产品的成本。 在分离点上分配联产品联合成本的方法有很多，常用的有系数分配法、实物量比例分配法、相对售价比例分配法和可实现净值比例分配法
副产品成本的计算	对价值较低的副产品，可不负担分离前的联合成本。 对价值较高的副产品，则往往以其销售价格作为计算的依据。按销售价格扣除销售税金、销售费用和按正常利润率计算的销售利润后的余额，即作为副产品应负担的联合成本。若分离后仍需要进一步加工才能出售，则应同时负担可归属于该产品的再加工成本和分离前应负担的联合成本。可在上述计算结果的基础上再减去可归属成本，作为其应负担的联合成本

【典型例题分析】

一、单项选择题

某公司在生产主要产品的同时，还生产了某种副产品。该种副产品可直接对外出售，公司规定的售价为每千克 150 元。8 月份主要产品和副产品发生的生产成本总额为 500 000 元，副产品的产量为 150 千克。假定该公司按预先规定的副产品的售价确定副产品的成本。则主产品的成本为（　　）元。

A. 22 500　　B. 500 000　　C. 0　　D. 477 500

【答案】D

【分析】副产品成本 =150×150=22 500（元），主产品成本 =500 000−25 500=477 500（元）。

二、判断题

产品规格繁多的，可将产品结构、耗用原材料和工艺过程基本相同的各种产品适当合并，作为成本核算对象。（　　）

【答案】√

【分析】产品规格繁多的，为了简化成本核算，可将产品结构、耗用原材料和工艺过程基本相同的各种产品并为一类，按分类法进行成本核算。

三、业务分析题

甲公司在生产主要产品甲产品的同时附带生产出 P 产品，P 产品分离后需进一步加工才能出售。2024 年 9 月共发生联合成本 160 000 元，其中：直接材料 80 000 元；直接人工 40 000 元；制造费用 40 000 元。P 产品进一步加工发生直接人工 2 000 元；制造费用 3 000 元。当月生产甲产品 1 000 千克并全部完工，P 产品 200 千克，P 产品的市场售价 150 元 / 千克，单位税金和利润 50 元。假定甲产品 10 月无月初在产品。

根据资料，按 P 产品既要负担进一步加工成本，又要负担分离前联合成本的方法计算甲产品成本和 P 产品成本。

P 产品应负担的联合总成本 =200×（150−50）−（2 000+3 000）=15 000（元）。

P 产品应负担的直接材料 =80 000×（15 000÷160 000）=7 500（元）。

P 产品应负担的直接人工 =40 000×（15 000÷160 000）=3 750（元）。

P 产品应负担的制造费用 =40 000×（15 000÷160 000）=3 750（元）。

所以，P 产品成本 =15 000+2 000+3 000=20 000（元）。

甲产品应负担的联合总成本 =160 000−15 000=145 000（元）。

甲产品应负担的直接材料 =80 000−7 500=72 500（元）。

甲产品应负担的直接人工 =40 000−3 750=36 250（元）。

甲产品应负担的制造费用 =40 000−3 750=36 250（元）。

编制结转完工入库产品成本的会计分录如下：

借：库存商品——甲产品　　145 000
　　　　　　——P 产品　　20 000
　贷：基本生产成本　　165 000

【职业能力训练】

一、单项选择题

1. 产品成本计算的分类法的特点是（　　）。

A. 按产品类别计算产品成本

B. 按产品品种计算产品成本

C. 按产品类别计算各类产品成本，同类产品内各种产品的间接计入费用采用一定方法分配确定

D. 按产品类别计算各类产品成本，同类产品内各种产品的成本采用一定的方法分配确定

2. 产品成本计算的分类法适用于（　　）。

A. 品种、规格繁多的产品　　B. 可按一定标准分类的产品

C. 大量大批生产的产品　　D. 品种、规格繁多并可按一定标准分类的产品

3. 在分类法下，在计算同类产品内不同产品的成本时，对于类内产品发生的各项费用（　　）。

A. 只有直接费用才需直接计入各种产品成本

B. 只有间接计入费用才需分配计入各种产品成本

C. 无论是直接计入费用还是间接计入费用，都需采用一定的方法分配计入各种产品成本

D. 直接生产费用直接计入各种产品，间接生产费用分配计入各种产品成本

4. 对于分类法下某类别产品的总成本在类内各种产品之间的分配方法，是根据（　　）确定的。

A. 产品的生产特点　　B. 企业管理要求

C. 成本计算对象　　D. 成本计算方法

5.（　　）是系数分配法下的分配标准。

A. 总系数或标准产量　　B. 产品市场售价

C. 产品定额成本　　D. 产品的面积

6. 联产品在分离前计算出的总成本称为（　　）。

A. 直接成本　　B. 间接成本

C. 联合成本　　D. 分项成本

7. 适合采用分类法计算产品成本的企业是（　　）。

A. 制鞋厂　　B. 小型水泥厂

C. 造纸厂　　D. 精密仪器生产企业

8. 关于联产品，下列说法中正确的是（　　）。

A. 联产品中各种产品的成本应该相等

B. 可以按联产品中的每种产品归集和分配生产费用

C. 联产品的成本应该包括其所负担的联合成本

D. 联产品的成本应该包括其所负担的联合成本和分离后的继续加工成本

9. 联产品分离前的联合成本的计算，可采用分类法的原理进行。联合成本在各种联产品之间分配的常用方法是（　　）。

A. 实际产量分配法　　B. 约当产量分配法
C. 标准产量分配法　　D. 计划产量分配法

10. 采用分类法按系数分配计算类内各种产品成本时，对于系数的确定方法是（ ）。
A. 选择产量大的产品作为标准产品，将其分配标准数确定为 1
B. 选择产量大、生产稳定的产品作为标准产品，将其分配标准数确定为 1
C. 选择产量大、生产稳定或规格折中的产品作为标准产品，将其分配标准数定为 1
D. 自行选择一种产品作为标准产品，将其分配标准数定为 1

11. 采用分类法的目的是（ ）。
A. 简化各类产品成本的计算工作　　B. 分类计算产品成本
C. 简化各种产品成本的计算工作　　D. 分品种计算产品成本

12.（ ）必须采用分类法计算成本。
A. 等级品　　B. 生产产品　　C. 副产品　　D. 联产品

13. 在使用同种原料生产主产品的同时附带生产副产品的情况下，由于副产品价值相对较低，而且在全部产品价值中所占的比重较小，因此，在分配主产品和副产品的加工成本时，（ ）。
A. 通常先确定主产品的加工成本，然后再确定副产品的加工成本
B. 通常先确定副产品的加工成本，然后再确定主产品的加工成本
C. 通常先利用相对售价比例分配主产品和副产品
D. 通常先利用可变现净值法分配主产品和副产品

14. 某公司生产 A、B 两种联产品，采用相对售价比例分配法分配联合成本。3 月份发生的全部成本是 120 万元，A、B 产品在分离点上的销售价格总额是 180 万元，其中 A 产品的销售价格总额为 60 万元，B 产品的销售价格总额是 120 万元，则 B 产品应分配的联合成本为（ ）万元。
A. 40　　B. 120　　C. 80　　D. 60

15. 某公司生产 A、B 两种产品，它们为联产品，在分离点上的数量分别为 700 个和 300 个。4 月份发生加工成本 1 200 万元，采用实物数量法分配联合成本，A 产品应分配的联合成本为（ ）万元。
A. 720　　B. 840　　C. 480　　D. 360

16. 副产品在成本核算中的特点是（ ）。
A. 副产品是生产过程中的附属产物
B. 副产品与主产品有相同市场价值
C. 副产品成本通常高于主产品
D. 副产品不需要进行分摊成本

17. 在联产品成本分配中，通常采用的基本原则是（ ）。
A. 利润最大化　　B. 生产成本最低
C. 标准产量比例　　D. 产品价值比例

二、多项选择题

1. 下列关于副产品及其成本计算的描述，正确的有（　　）。

A. 副产品是指在主要产品生产过程中，附带生产出来的非主要产品

B. 副产品不是企业生产活动的主要目的

C. 副产品的价值比较低时，副产品可以不负担分离前的联合成本

D. 可以按定额成本计算副产品成本

2. 联产品的联合成本的分配方法较多，常用的有（　　）。

A. 实物量分配法　　B. 系数分配法

C. 销售价值分配法　　D. 可实现净值分配法

3. 在系数分配法下，用于确定系数的标准可采用（　　）。

A. 产品的定额成本、计划成本等成本指标

B. 产品的重量、体积、长度等经济技术指标

C. 定额消耗量、定额工时等产品生产的各种定额消耗指标

D. 产品的售价等收入指标

4. 采用分类法计算产品成本时应注意（　　）。

A. 类内产品品种不能过多　　B. 类内产品品种不能太少

C. 分配标准可由企业自由选择　　D. 分配标准应有所选择

E. 类距要适当

5. 分类法的成本计算程序为（　　）。

A. 在同类产品中选择产量大、生产稳定或规格折中的产品作为标准产品

B. 把标准产品的分配标准系数确定为 1

C. 用其他产品的单位分配标准数据与标准产品相比，求出其他产品的系数

D. 用各种产品的实际产量乘上系数，计算出总系数

E. 按各种产品总系数比例分配计算类内各种产品成本

6. 分类法主要适用于产品品种较多的企业或车间，可以采用分类法计算产品成本的企业有（　　）。

A. 电子元件厂　　B. 针织厂

C. 造船厂　　D. 机床厂

E. 砖瓦厂

7. 联产品的联合成本在分离点后，应按照一定的方法在各联产品之间分配，其适用的分配方法有（　　）。

A. 相对售价比例分配法　　B. 工时分配法

C. 分类法　　D. 实物量分配法

8. 联产品的生产特点包括（　　）。

A. 经过同一个生产过程进行生产

B. 利用同一种原材料加工生产

C. 都是企业的主要产品

D. 有的是主要产品，有的是非主要产品

E. 生产成本相同

9. 联产品分离前的联合成本，在各种联产品之间进行分配的方法包括（　　）。

A. 计划产量分配法　B. 约当产量分配法

C. 实物计量分配法　D. 销售价值分配法

E. 标准产量分配法

10. 副产品是指企业在生产主要产品的过程中附带生产出来的一些非主要产品，副产品的计价方法有（　　）。

A. 副产品不计价

B. 按销售价格扣除销售税金、销售费用后的余额计算

C. 副产品按固定价格计价

D. 按计划单位成本计价

E. 按实际成本计价

11. 甲制造业企业生产 A 产品的同时生产 B 联产品。生产过程中发生联合成本 10 000 元。A、B 产品在分离点的销售价格总额为 16 000 元，其中 A 产品的销售价格总额为 6 000 元，B 产品的销售价格总额为 10 000 元，企业采用相对售价比例分配法分配联产品成本。下列说法中正确的有（　　）。

A. A 产品负担的联合成本为 3 750 元

B. B 产品负担的联合成本为 6 250 元

C. A 产品负担的联合成本为 6 000 元

D. B 产品负担的联合成本为 4 000 元

12. 下列关于联产品的说法中，不正确的有（　　）。

A. 在分离点以前发生的成本，称为联合成本

B. 联产品分离前发生的生产费用可按一个成本核算对象设置多个成本明细账进行归集

C. 分离后各种产品统一设置明细账

D. 分离点是指在联产品生产中投入相同原料，经过不同生产过程，分离为各种联产品的时点

13. 采用分类法时，可以按照固定系数在类内产品之间进行分配，确定系数时选用标准产品的条件有（　　）。

A. 售价最低　B. 产量较大

C. 消耗最高　D. 生产较稳定且规格折中

14. 在副产品销售时，公司可能会选择不同的策略。副产品销售策略有（　　）。

A. 独立定价　B. 附加定价

C. 主产品折扣　D. 成本加成定价

15. 副产品的生产过程中可能涉及一些额外的费用，这些费用包括（ ）。

A. 分离成本　　B. 共同成本

C. 可变成本　　D. 固定成本

三、判断题

1. 采用分类法计算产品成本，不论选择什么作为分配标准，其产品成本的计算结果都有不同程度的假定性。（ ）

2. 由于分类法是为了简化成本核算工作而采用的方法，因此只要能简化成本核算，产品可以随意进行分类。（ ）

3. 采用分类法计算产品成本，对类内产品成本的分配，各成本项目可采用相同的分配标准，也可采用不同的分配标准。（ ）

4. 分类法适用于产品品种、规格较多，并可按一定标准进行分类的企业的成本计算，也是成本计算的一种基本方法。（ ）

5. 联产品是企业在生产过程中，利用同一种原材料，经过同一个生产过程，同时生产出几种产品，这些产品有的是主要产品，有的则是非主要产品。（ ）

6. 联产品的成本应该包括其所应负担的联合成本和分离后的继续加工成本。（ ）

7. 联产品是指在同一个生产过程中，使用同一种原料，在生产主产品的同时附带生产出来的非主要产品。（ ）

8. 副产品的计价方法与联产品相同。（ ）

9. 在实际工作中，副产品可以不负担分离前的成本，其成本可由主要产品负担，这种方法一般适用于副产品分离后不再加工，而且其价值较低的情况。（ ）

10. 等级品可以与联产品和副产品一样，采用分类法计算产品成本。（ ）

四、业务分析题

业务分析题一

（一）目的：训练分类法。

（二）资料：海东企业所属的第三分厂成本计算采用分类法，其所生产的产品按产品结构分为A类产品和B类产品，每类产品的月末在产品均按所耗直接材料成本计算，其他费用全部由完工产品负担，月末在产品成本按定额成本计价法计算。

2024年8月有关资料如表5-1至表5-4所示。

表5-1 直接材料定额成本

产品类别	单耗定额/千克	计划单价/元	定额成本/元
A类产品	10	1	10
B类产品	8	2	16

表 5-2　产量和单位定额成本

产品类别	规格	产量 / 件	单位定额成本 / 元
A 类产品	A—1	100	12
	A—2	300	10
	A—3	200	14
B 类产品	B—1	300	20
	B—2	100	25
	B—3	50	32

表 5-3　月初在产品成本及本月发生费用　　单位：元

产品类别	月初在产品直接材料定额成本	本月发生费用			
		直接材料	直接人工	制造费用	合计
A 类产品	260	5 600	2 300	3 000	10 900
B 类产品	180	8 400	2 700	2 000	13 100

表 5-4　月末在产品数量及单位定额成本

产品类别	数量 / 件		单位定额成本 / 元	定额成本 / 元
A 类产品	A—1	15	12	500
	A—2	18	10	
	A—3	10	14	
B 类产品	B—1	3	20	320
	B—2	4	25	
	B—3	5	32	

（三）要求：编制成本计算表，完成 A、B 各类产品成本和类内的各种产品成本计算，填制表 5-5 至表 5-8。

表 5-5　成本计算表

产品：A 类产品　　年　月　　单位：元

2024 年		摘要	直接材料	直接人工	制造费用	合计
月	日					
7	31	期初在产品成本（定额成本）				
8	31	本月生产费用				
8	31	生产费用合计				
8	31	本月完工产品成本				
8	31	期末在产品成本（定额成本）				

表 5-6 成本计算表

产品：B 类产品　　　　年　　月　　　　单位：元

2024 年		摘要	直接材料	直接人工	制造费用	合计
月	日					
7	31	期初在产品成本（定额成本）				
8	31	本月生产费用				
8	31	生产费用合计				
8	31	本月完工产品成本				
8	31	期末在产品成本（定额成本）				

表 5-7 各类产品类内各种产品系数计算表

产品类别	规格	产量 / 件	单位定额成本 / 元	系数	标准产量 / 件
A 类产品	A—1				
	A—2				
	A—3				
B 类产品	B—1				
	B—2				
	B—3				

表 5-8 各类产品类内的各种产成品成本计算表

年　　月　　　　金额单位：元

项目	产量 / 件	总系数	直接材料分配额	直接人工分配额	制造费用分配额	各种产品总成本	单位成本
A 类产品							
分配率							
A—1							
A—2							
A—3							
合计							
B 类产品							
分配率							
B—1							
B—2							
B—3							
合计							

业务分析题二

（一）目的：训练分类法。

（二）资料：某企业采用分类法计算产品成本，其生产的 M 系列产品为一大类，包括 M—10 和 M—20 两种产品，类内产品成本分配采用定额比例法。该类产品的月末在产品按照定额成本计价法进行计算。月末在产品产量为 190 件，在产品直接材料消耗定额为 65 千克，材料单价为 5 元；在产品的加工工时消耗定额为 30 小时，每小时工资费用计划分配率为 6 元；每小时制造费用计划分配率为 4.5 元。当月 M 系列产品有关资料如表 5-9 所示。

表 5-9　M 系列产品有关资料表

产品名称	完工产品产量 / 件	直接材料费用定额 / 元	工时定额 / 小时
M—10	500	35	4
M—20	800	25	5

（三）要求：在产品成本明细账中完成 M 系列产品的成本计算，见表 5-10，并编制结转完工产品成本的会计分录。

表 5-10　M 系列产品成本明细账　　单位：元

项　目	直接材料	直接人工	制造费用	合　计
月初在产品成本 本月生产费用	73 500 250 750	20 400 46 800	26 200 23 450	120 100 321 000
生产费用合计				
月末在产品成本 完工产品成本				
类内产品成本分配标准				
类内产品成本分配率				
M—10 产品总成本 M—10 产品单位成本				
M—20 产品总成本 M—20 产品单位成本				

五、Excel 应用实操题

华北工业公司在同一生产过程中利用同一种原材料加工出甲、乙、丙、丁四种主要产品，2024 年 11 月份发生了联合成本 100 000 元（包括原材料 50 000 元，直接人工 10 000 元，制造费用 40 000 元）。该月生产出甲产品 500 吨，乙产品 1 000 吨，丙产品 200 吨，丁产品 600 吨。在联产品的生产过程中没有期初在产品和期末在产品，该公司采用系数分配法分配联合成本，事先确定甲、乙、丙、丁四种产品的系数为 4、1.5、1 和 0.5。

要求：请使用 Excel 工具计算并分配甲、乙、丙、丁四种主要产品应负担的联合成本。

六、仿真实训

（一）实训目的

通过本实训，理解分类法的特点和适用条件，理解并掌握分类法的核算程序与操作技能，达到能胜任中小企业成本核算岗位的会计工作。

（二）实训资料

江南纺织厂生产组织形式大多为大量大批生产。由于其生产过程较短，各步骤的半成品不外售，为了简化核算，当产品种类、规格繁多，可以按标准分类时，可以采用分类法进行核算。

江南纺织厂大量生产纯棉纱和腈纶纱两类产品。纯棉纱有 18 支纱、32 支纱和 45 支纱；腈纶纱有腈纶拉架纱和腈纶竹节纱等。该厂不分步计算成本，成本项目主要有：原料、直接人工、制造费用等。原料在生产开始时一次投入，材料费用按照两类产品归集，然后按系数分配法在类内各种产品之间分配；其他费用均全厂汇总计算，按定额费用比例在全厂各种产品之间分配。月末在产品按所耗原材料的定额费用计价，其他费用均由产成品成本负担。

（三）实训要求

根据下列相关成本资料编制各项费用分配表，计算产品成本，登记产品成本计算单。

该厂 2024 年 11 月份的成本资料如下。

1. 产量及各项定额资料如表 5-11、表 5-12 所示。

表 5-11　产量资料表

单位：吨

产品名称		月初在产品数量	本月投产数量	本月完工数量	月末在产品数量
纯棉纱	18 支纱	2.6	54.6	50	7.2
	32 支纱	2	52	48	6
	45 支纱	3	53	50	6
腈纶纱	腈纶拉架纱	3.5	45	46	2.5
	腈纶竹节纱	3	55	56	2

表 5-12　产品定额资料

产品名称		材料消耗定额 / 千克	人工消耗定额 / 元	费用消耗定额 / 元	备注
纯棉纱	18 支纱	7	3.538	1.3	
	32 支纱	10	3.538	1.3	
	45 支纱	12	3.538	1.3	
腈纶纱	腈纶拉架纱	8	3.25	1.05	
	腈纶竹节纱	10.4	3.25	1.05	

2. 计算本月原材料耗用情况，见表 5-13。

表 5-13　原材料领用汇总表

2024 年 11 月

产品类别	产品名称	单位产品材料消耗定额 / 千克	系数	产量 / 吨	材料费用总系数	分配率	原材料费用 / 元
纯棉纱	18 支纱			50			
	32 支纱			48			
	45 支纱			50			
	小计						1 524 680
腈纶纱	腈纶拉架纱			46			
	腈纶竹节纱			56			
	小计						945 683
合计							

3. 本月直接人工以及制造费用耗用情况如表 5-14 所示。

表 5-14　直接人工以及制造费用汇总表

2024 年 11 月　　单位：元

费用种类		累计折旧	银行存款	现金	应付职工薪酬	合计
直接人工					68 832	68 832
制造费用	办公费		1 358	467		1 825
	折旧费	41 200				41 200
	修理费			1 802		1 802
	取暖费		2 948			2 948
	试验检验费		12 426			12 426
	运输费		4 120			4 120
	劳动保护费		1 400	821		2 221
	设计制图费		5 060			5 060
	其他		2 966			2 966
	小计	41 200	30 278	3 090		74 568
合计		41 200	30 278	3 090	68 832	143 400

注意：实际工作中，表 5-14 可以按照费用的种类分别汇编，本例是简化编制的汇总表。

4. 计算生产费用分配情况，填制表 5-15 和表 5-16。

表 5-15 直接人工费用分配表

2024 年 11 月 金额单位：元

产品名称	产量 / 吨	人工费用定额	分配率	直接人工
18 支纱	50			
32 支纱	48			
45 支纱	50			
腈纶拉架纱	46			
腈纶竹节纱	56			
合计	—	—		

表 5-16 制造费用分配表

2024 年 11 月 金额单位：元

产品名称	产量 / 吨	费用定额	分配率	制造费用	合计
18 支纱	50				
32 支纱	48				
45 支纱	50				
腈纶拉架纱	46				
腈纶竹节纱	56				
合计	—				

5. 填制表 5-17 至表 5-19，将原材料费用在月末在产品和产成品之间进行分配，并进行产品成本的计算。

表 5-17 月末在产品定额原料费用计算表

2024 年 11 月 金额单位：元

产品名称	月末在产品盘存数量 / 吨	原材料费用定额	月末在产品定额原材料费用
18 支纱			
32 支纱			
45 支纱			
腈纶拉架纱			
腈纶竹节纱			
合计			

表 5-18　产成品原料费用计算表

2024 年 11 月　　单位：元

产品名称	月初在产品原材料费用	本月原材料费用	合计	月末在产品定额原材料费用	产成品原材料费用
18 支纱					
32 支纱					
45 支纱					
腈纶拉架纱					
腈纶竹节纱					
合计					

表 5-19　产品成本计算单

2024 年 11 月　　单位：元

产品名称及产量		原材料	直接人工	制造费用	合计
18 支纱	总成本				
	单位成本				
32 支纱	总成本				
	单位成本				
45 支纱	总成本				
	单位成本				
腈纶拉架纱	总成本				
	单位成本				
腈纶竹节纱	总成本				
	单位成本				
总成本合计					

6 第六章 作业成本法

学习目标

明确作业成本法的产生背景与含义、作业成本法的核心概念、作业的分类、作业成本法的基本原理、作业成本法的成本核算程序、作业成本法与传统成本法比较、改善经营的具体措施、作业成本法的优缺点、作业成本法的适用条件以及作业成本法的应用。

学习重难点

学习重点：掌握作业动因与资源动因相关内容；掌握作业成本法的成本核算程序。

学习难点：正确理解作业成本法与传统成本法的区别。

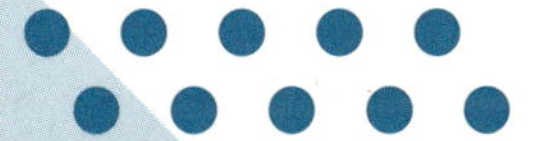

【知识点回顾】

知识点	内容
作业成本法的含义	作业成本法是指以“作业消耗资源、产出消耗作业”为原则，按照资源动因将资源费用追溯或分配至各项作业，计算出作业成本，再根据作业动因，将作业成本追溯或分配至各成本对象，最终完成成本计算的成本核算方法
资源动因的含义	资源动因是指资源被各种作业消耗的方式或者原因，反映了资源耗用量与作业量之间的因果关系，是将资源耗费分配到作业中心的标准
作业动因的含义	作业动因是指各项作业被最终产品或者劳务消耗的方式或者原因，反映了作业消耗量与最终产出之间的关系，是将作业中心的成本分配到产品或劳务中的标准
作业的分类	作业按不同的标准可以分别划分为：增值作业与非增值作业；主要作业与次要作业；单位级作业、批次级作业、产品级作业及生产维持级作业
作业成本法的基本原理	作业成本法的基本原理是“作业消耗资源、产出消耗作业”
作业成本法的成本核算程序	第一，确定作业、划分作业中心；第二，以作业中心为成本库归集间接费用；第三，选择合理的作业分配标准，将成本库的间接费用分配到各项产品或劳务中；第四，计算完工产品或劳务的成本
作业成本法与传统成本法的比较	第一，成本计算对象不同；第二，成本计算程序不同；第三，成本核算范围不同；第四，费用分配标准不同；第五，提供的成本信息不同
改善经营的具体措施	改善经营的具体措施有优化作业，优化企业资源配置，推行适时生产系统，调动全员降低成本的积极性等
作业成本法的优点	可以获得更准确的产品和产品线成本信息，有助于改进成本控制，为战略管理提供信息支持
作业成本法的缺点	部分作业的识别、划分、合并与认定，成本动因的选择以及成本动因计量方法的选择等均存在较大的主观性，操作较为复杂；开发和维护费用较高
作业成本法的适用条件	间接费用在产品成本中所占比重较高；企业规模较大，产品品种较多；产品工艺复杂，作业环节多且容易辨认

【典型例题分析】

一、单项选择题

1. 下列属于产品级作业的是（　　）。

A. 机器加工　　B. 机器调试　　C. 工艺设计　　D. 厂房安保

【答案】C

【分析】产品级作业是为各种产品的生产而从事的作业，其目的是服务于各种产品的生产与销售。例如，产品设计、产品生产工艺规程制定、工艺设计、产品更新等。

2. 若制造费用在产品成本中占有较大比重，适宜采用的成本计算方法是（　　）。

A. 责任成本法　　B. 变动成本法

C. 作业成本法　　D. 全部成本法

【答案】C

【分析】如果间接费用在成本中占的比重较大，采用传统成本计算法下单一的分配标准进行间接费用的分配，就越会使成本信息受到扭曲，进而影响企业的成本决策。采用作业成本法能够提高成本信息的准确性以及成本决策的相关性。

二、多项选择题

作业成本法下，成本动因可以分为（　　）。

A. 时间动因　B. 作业动因　C. 资源动因　D. 产量动因

【答案】BC

【分析】成本动因按其在资源流动中所处的位置，可分为资源动因和作业动因。资源动因是指资源被各种作业消耗的方式或者原因；作业动因是指各项作业被最终产品或者劳务消耗的方式或者原因。

三、判断题

1. 一项作业是指一项非常具体的活动。（　　）

【答案】×

【分析】作业是指企业基于特定目的重复执行的任务或活动，是连接资源和成本对象的桥梁。

2. 资源动因是引起产品成本增加的驱动因素。（　　）

【答案】×

【分析】资源动因是指资源被各种作业消耗的方式或者原因；作业动因是指各项作业被最终产品或者劳务消耗的方式或者原因。因此，作业动因才是引起产品成本增加的驱动因素。

【职业能力训练】

一、单项选择题

1. 下列将成本分配到成本对象的形式中，最能真实反映产品成本的是（　　）。

A. 直接追溯　B. 动因分配　C. 间接追溯　D. 分摊

2. 相较于传统成本计算法，作业成本法的特点主要是（　　）。

A. 将间接成本更准确地分配给产品和劳务

B. 将直接成本直接计入有关产品

C. 不考虑固定成本的分摊

D. 直接成本的范围较小

3. 下列不属于作业成本法特点的是（　　）。

A. 成本计算分为两个阶段

B. 成本分配强调因果关系

C. 全部按照产量基础分配制造费用

D. 成本分配使用众多不同层面的成本动因

4. 下列不属于作业成本法成本分配到成本对象的形式是（　　）。

A. 追溯　　B. 动因分配　　C. 分摊　　D. 汇总

5. 某软件开发企业产品成本构成中，直接成本所占比重很小，而且与间接成本之间缺少明显的因果关系。该公司适宜采纳的成本计算方法是（　　）。

A. 变动成本法　　B. 作业成本法

C. 标准成本法　　D. 传统成本计算法

6. 按产出方式不同，作业可以分为四类，其中随产量正比例变动的是（　　）。

A. 单位级作业　　B. 批次级作业

C. 品种级作业　　D. 管理级作业

7. 在作业成本法下，引起产品成本增加的驱动因素是（　　）。

A. 资源动因　　B. 作业动因　　C. 数量动因　　D. 产品动因

8. 下列说法中，不正确的是（　　）。

A. 直接人工成本属于单位级作业成本

B. 对每批产品的机器准备属于批次级作业

C. 对一种产品编制材料清单属于产品级作业

D. 管理级作业的目的是服务于某项产品的生产与销售

9. 下列表述中，不正确的是（　　）。

A. 作业成本法认为产品成本是全部作业所消耗资源的总和，产品是消耗全部作业的成果

B. 在传统成本计算法下，间接成本的分配路径是“资源→部门→产品”

C. 作业成本法采用直接追溯将成本分配到成本对象

D. 作业成本法能够提供更加真实、准确的成本信息

10. 下列选项中，属于单位级作业的是（　　）。

A. 机器加工　　B. 工厂安保

C. 产品工艺改造　　D. 机器调试

11. 下列作业中，通常不属于批次级作业的是（　　）。

A. 采购次数　　B. 生产准备次数

C. 质量检验次数　　D. 耗电千瓦时数

12. 下列关于作业动因的说法，正确的是（　　）。

A. 作业动因用来计量各项产品对作业的耗用情况

B. 作业动因是引起作业成本增加的驱动因素

C. 作业动因可分为资源动因和业务动因

D. 运用作业动因可将资源成本分配给各有关作业

13. 下列关于作业成本法的说法中，不正确的是（　　）。

A. 企业全部经营活动由一系列相互关联的作业组成，每进行一项作业都要耗用一定的资源

B. 产品成本是全部作业所消耗资源的总和，产品是消耗全部作业的成果

C. 先按经营活动中发生的各项作业来归集成本，再按各项作业成本与成本对象之间的因果关系，将作业成本分配到成本对象

D. 作业成本法能最准确地将间接成本分配给产品和服务

14. 下列有关作业成本法的说法中，不正确的是（　　）。

A. 作业成本法的基本原理是作业消耗资源、产出消耗作业

B. 作业成本法下间接成本的分配路径是“资源→部门→产品”

C. 作业成本法认为任何一项产品都要消耗一定的作业，执行任何作业都需要耗费资源

D. 作业成本法下成本分配使用众多不同层次的成本动因

15. 下列有关作业动因的说法中，不正确的是（　　）。

A. 作业动因要衡量一个成本对象需要的作业量

B. 作业动因是产品成本增加的驱动因素

C. 作业动因需计量各成本对象耗用作业的情况

D. 作业动因是引起作业成本增加的驱动因素

16.（　　）是指企业基于特定目的重复执行的任务或活动，是连接资源和成本对象的桥梁。

A. 作业　　B. 成本对象　　C. 成本动因　　D. 资源费用

二、多项选择题

1. 下列关于作业成本法的说法，正确的有（　　）。

A. 作业成本法强调使用不同层面和数量众多的资源动因将作业成本追溯到产品

B. 作业成本法是将间接成本更准确地分配到作业、生产过程、产品、服务及顾客中的一种成本计算方法

C. 作业成本法的基本思想是产出消耗作业，作业消耗资源

D. 作业成本法强调使用直接追溯和动因追溯方式来分配成本

2. 下列关于传统成本法和作业成本法的说法中，正确的有（　　）。

A. 在作业成本法下，产量是成本的主要驱动因素

B. 在传统成本法下，产量是成本的主要驱动因素

C. 在作业成本法下，作业动因是产品成本增加的驱动因素

D. 在传统成本法下，作业动因是产品成本增加的驱动因素

3. 在作业成本法下，成本需要先分配给品种，再分配给批次，最后分配到特定产品的作业有（　　）。

A. 单位级作业　　B. 批次级作业

C. 产品级作业　　D. 管理级作业

4. 以下不属于作业成本法特点的有（　　）。

A. 将间接成本和辅助费用更准确地分配到产品中

B. 将直接成本直接计入有关产品

C. 直接成本的范围较小

D. 不考虑固定成本的分摊

5. 作业成本法的主要特点包括（　　）。

A. 成本计算分为两个阶段

B. 成本分配强调因果关系

C. 全部按照产量基础分配制造费用

D. 成本分配使用众多不同层面的成本动因

6. 下列选项中，属于资源动因的有（　　）。

A. 检验人员工资　　B. 专用设备折旧费

C. 检验次数　　D. 检验时间

7. 下列关于作业成本法的表述中，正确的有（　　）。

A. 作业成本法中最准确的方法是先通过追溯将成本计入成本对象，再进行动因分配；既不能追溯，也不能动因分配的，选择分摊

B. 作业成本法下，只分配间接费用，直接费用不进行分配

C. 作业成本法下，产量被认为是能够解释产品成本变动的唯一动因

D. 执行任何一项作业都需要消耗一定的资源，任何一项产品的形成都要消耗一定的作业

8. 下列各项中，适合作为单位级作业的作业动因有（　　）。

A. 生产准备次数　　B. 零部件产量

C. 采购次数　　D. 耗电千瓦时数

9. 下列关于产品级作业的表述，正确的有（　　）。

A. 产品级作业是指每一单位产品至少要执行一次的作业

B. 产品级作业不依赖产品的数量或生产批次

C. 产品级作业成本仅因为某个特定的产品线存在而发生，随产品品种数而变化

D. 产品级作业成本随产品产量、批次数变化

10. 下列不属于管理级作业的有（　　）。

A. 人工工时

B. 材料转移次数

C. 按产品品种计算的图纸制作份数

D. 公司的广告费用

11. 下列有关作业成本法的表述，正确的有（　　）。

A. 作业成本法认为，企业的全部经营活动是由一系列相互关联的作业组成的
B. 作业成本法认为，企业每进行一项作业都要耗用一定的资源
C. 作业成本法认为，产品成本是全部作业所消耗资源的总和
D. 作业成本法认为，产品是消耗全部作业的成果

12. 作业成本法的特点包括（　　　　）。
A. 成本计算分为两个阶段
B. 成本分配强调因果关系
C. 成本分配使用众多不同层面的成本动因
D. 直接成本的范围较小

13. 下列有关成本动因的说法中，不正确的有（　　　　）。
A. 成本动因是指产品成本的驱动因素
B. 作业动因是引起作业成本增加的驱动因素
C. 资源动因是产品成本增加的驱动因素
D. 作业动因计量各成本对象耗用作业的情况，资源动因用来衡量一项作业的资源消耗量

14. 当间接成本在产品成本中所占比重较大时，与采用作业成本计算制度相比，采用产量基础成本计算制度可能导致的结果有（　　　　）。
A. 夸大低产量产品的成本　　B. 夸大高产量产品的成本
C. 缩小高产量产品的成本　　D. 缩小低产量产品的成本

15. 关于作业成本管理，下列说法正确的有（　　　　）。
A. 作业成本管理可以消除浪费
B. 作业成本管理可以实现持续改善
C. 作业成本管理可以提高客户价值
D. 作业成本管理关注重点是如何降低产品成本

三、判断题

1. 作业成本法的基本原理是作业消耗资源，产出消耗作业。（　　）
2. 传统成本法下间接成本的分配路径是“资源→部门→产品”。（　　）
3. 在作业成本法下，产品级作业成本需先分配给各个品种，然后再分配给各个批次，最后分配到特定产品。（　　）
4. 资源是支持作业的成本或费用来源，如作业耗费的人工、能源和实物资产等。（　　）
5. 单位级作业成本是直接成本，可以直接追溯计入成本对象的成本计算单。（　　）
6. 作业成本法分配的间接费用属于固定成本。（　　）
7. 作业成本法的独到之处在于，它先把资源的消耗追溯或分配到作业，再使用不同层面和数量众多的作业动因将作业成本分配到产品。（　　）
8. 在传统的成本计算方法下，制造费用通常按产量相关基础分配，全部按产量基础分

配制造费用，会产生误导决策的成本信息。（ ）

9. 作业成本法认为，凡是能够追溯到个别产品、个别批次、个别品种的成本，就应追溯，而不应间接分配。（ ）

10. 作业成本法是将间接成本更准确地分配到产品的一种成本计算方法。（ ）

11. 按作业成本法进行成本计算，仍然可以区分品种法、分批法和分步法。（ ）

12. 资源动因是引起作业成本变动的因素，资源动因计量各种产品对作业耗用的情况，并被用来作为作业成本的分配基础。（ ）

四、业务分析题

业务分析题一

（一）目的：训练传统成本计算法和作业成本法。

（二）资料：南方肥皂厂购入皂基等原材料生产肥皂，主要产品有：香皂和洗衣皂。在高度自动化的加工过程中会发生大量间接费用，但直接人工成本相对较小。该厂采用作业成本法核算成本。产品生产主要涉及材料准备、产品制作、质量检验、产品包装四项作业。该厂于2024年10月生产香皂5万个，洗衣皂10万个。在香皂生产过程中耗用的直接成本为直接材料5万元，直接人工3万元；在洗衣皂生产过程中耗用的直接成本为直接材料2万元，直接人工1万元。

生产过程中耗用的间接成本及成本动因见表6-1。

表6-1 耗用的间接成本及成本动因

作业项目	作业成本/万元	作业动因	香皂	洗衣皂
材料准备	1	准备次数	2次	3次
产品制作	6	生产工时	1 100小时	900小时
质量检验	1	检验次数	5次	5次
产品包装	2	包装工时	20小时	30小时
合计	10			

（三）要求：

（1）用传统成本计算法计算香皂和洗衣皂两种产品的成本；

（2）用作业成本法计算香皂和洗衣皂两种产品的成本。

业务分析题二

（一）目的：训练作业成本法。

（二）资料：某服装贸易公司经营西服、西裤、马甲，当月经营量分别为2 600件、2 000件、3 400件。当月发生工资费237 500元，保管费538 000元，搬运费211 500元，业务招待费477 000元，合计1 464 000元。主要作业包括：订单处理作业、购销作业、保管作业、搬运作业、结算作业。工资费和业务招待费以人数为作业动因，具体人数为订单处理作业 5 人、购销作业 10 人、搬运作业 3 人、保管作业 4 人、结算作业 3 人，搬运作业和保管作业不存在业务招待费；搬运费直接追溯至搬运作业，保管费直接追溯至保管作业。订单处理作业、购销作业和结算作业以订单份数为作业动因，其中西服和西裤各签订 20 份，马甲签订 80 份；搬运作业和保管作业以服装经营量为作业动因。

（三）要求：运用作业成本法计算产品成本，并填写表 6-2 至表 6-4。

表 6-2　资源费用分配表　单位：元

资源	作业动因	作业成本库					
		总成本	订单处理作业	购销作业	保管作业	搬运作业	结算作业
工资费	人数						
保管费							
搬运费							
业务招待费	人数						
合计							

表 6-3　作业成本分配率计算表　金额单位：元

作业项目	作业动因	成本总额	成本动因数量	作业成本分配率
订单处理作业	订单数量			
购销作业	订单数量			
保管作业	服装经营量			
搬运作业	服装经营量			
结算作业	订单数量			

表 6-4　作业成本分配表　金额单位：元

	作业成本	作业成本分配率	作业动因消耗量	作业成本
西服	订单处理作业			
	购销作业			
	保管作业			
	搬运作业			
	结算作业			
西裤	订单处理作业			
	购销作业			
	保管作业			
	搬运作业			
	结算作业			

续表

	作业成本	作业成本分配率	作业动因消耗量	作业成本
马甲	订单处理作业			
	购销作业			
	保管作业			
	搬运作业			
	结算作业			

五、Excel 应用实操题

江南纺织厂 2024 年 9 月一车间总电表显示当月电费 10 000 元。一车间当月 A 产品生产工时为 200 小时；B 产品生产工时为 800 小时。详细资料见表 6-5。

表 6-5　江南纺织厂生产情况表

作业	用电量 / 千瓦时	A 产品	B 产品
设备调试	3 000	1 次	1 次
生产加工	6 000	200 小时	800 小时
质量检测	1 000	1 次	1 次

要求：请使用 Excel 工具，采用传统成本法、作业成本法计算 A、B 产品应负担的电费，以完整小数位引用计算（结果保留两位小数）。

第七章 成本报表的编制与分析

学习目标

了解成本报表的概念和分类、成本报表的编制要求；会编制商品产品成本表和主要产品单位成本表及各种费用明细表，并掌握各种成本报表的分析方法。

学习重难点

学习重点：掌握成本报表的概念和编制要求，并正确编制各种成本报表。

学习难点：掌握各种产品成本报表的编制方法和各种成本报表的分析方法。

【知识点回顾】

知识点	内容
成本报表的概念	成本报表是根据日常成本核算资料及其他资料定期或不定期编制的，用以反映企业一定时期生产费用与产品成本的构成及其升降变动情况，以考核各项费用与生产成本计划执行结果的会计报表，是会计报表体系的重要组成部分
成本报表的分析方法	成本报表的分析方法常用的有整体分析法和指标分析法
商品产品成本表概述	商品产品成本表是反映企业在报告期内生产的全部产品总成本和各种主要产品总成本及单位成本的报表。商品产品成本表是反映企业全部产品成本的报表，也是成本报表中最主要的报表。商品产品成本表一般按月编制
商品产品成本表的编制	商品产品成本表可以从以下不同角度进行编制： 一是按产品种类编制； 二是按成本项目编制； 三是按成本性态反映编制
主要产品单位成本表的概念	主要产品单位成本表是反映企业在一定时期内生产的各种主要产品单位成本的构成情况和各项主要技术经济指标执行情况的报表
主要产品单位成本表的编制	主要产品单位成本表的结构可分为上、下两个部分：上半部分反映的是单位产品的成本项目，并分别列出“历史先进水平”“上年实际平均”“本年计划”“本月实际”“本年累计实际平均”的单位成本；下半部分反映的是单位产品的主要技术经济指标
各种费用明细报表的编制	各种费用明细报表是企业编制的反映期间费用耗费情况的报表，如销售费用明细表、管理费用明细表、财务费用明细表等，通常也将制造费用明细表包括在这类报表中。编制上述费用报表的作用在于反映各项费用计划的执行情况，分析各种费用变动的原因以及对产品成本和当期损益的影响
商品产品成本表的分析	1. 计算可比产品成本实际降低额、降低率； 2. 计算实际与计划的差异； 3. 分析产生差异的原因，主要分析三个因素，即产品单位成本变动、产品品种结构变动和产品产量变动
主要产品单位成本表的分析	主要产品单位成本表中列示了企业产品成本的历史先进水平、上年实际平均、本年计划和本期实际等资料，在对各项成本项目进行分析时，可以视分析的目的，选择其中某项为基数，将本期实际与基数进行对比，分析的重点是各个项目本期实际与对比基数的差异，差异分为量差和价差两个方面
费用明细报表分析	对各项费用明细报表的分析主要采用对比分析法和构成比率分析法。首先应采用对比分析法，视分析的目的，选择表中的某项数字为基数，将本期实际与基数进行对比，确定各个项目本期实际与基数的差异；其次应采用构成比率分析法，以各项费用的总额为基数，分别计算各项目所占比重，以找出影响费用总额的重点项目，确定管理的重点环节

【典型例题分析】

一、单项选择题

1. 下列各项中，不影响可比产品成本降低额的因素是（　　）。

A. 产品产量变动　　　　B. 产品计划单位成本变动

C. 产品实际单位成本变动　　D. 产品累计实际总成本变动

【答案】B

【分析】影响可比产品成本降低额的因素有产品产量变动、产品品种比重变动和产品单位成本变动。

2. 某企业 2024 年可比产品按上年实际平均单位成本计算的本年累计总成本为 4 500 万元，按本年计划单位成本计算的本年累计总成本为 4 000 万元，本年累计实际总成本为 4 200 万元。则可比产品成本的降低额为（　　）万元。

A. 200　　B. 500　　C. 300　　D. 100

【答案】C

【分析】可比产品成本降低额 = 可比产品按上年实际平均单位成本计算的本年累计总成本 – 本年累计实际总成本 =4 500–4 200=300（万元）。

3. 影响可比产品成本降低额变动但不影响可比产品成本降低率变动的因素是（　　）。

A. 产品品种比重变动　　B. 产品单位成本变动

C. 产品计划单位成本　　D. 产品产量变动

【答案】D

【分析】在产品品种比重和产品单位成本不变的情况下，产品产量增减会使成本降低额发生同比例的增减，但由于按上年实际平均单位成本计算的本年累计总成本也发生同比例增减，故不会使成本降低率发生变动。

4. 某企业 2024 年可比产品按上年实际平均单位成本计算的本年累计总成本为 1 600 万元，按本年计划单位成本计算的本年累计总成本为 1 500 万元，本年累计实际总成本为 1 450 万元。则可比产品成本降低率为（　　）。

A. 5.375%　　B. 9.375%　　C. 9.735%　　D. 8.735%

【答案】B

【分析】可比产品成本降低率 = 可比产品成本降低额 / 可比产品按上年实际平均单位成本计算的本年累计总成本 ×100%，则该题中可比产品成本降低率 =（1 600–1 450）÷ 1 600=9.375%。

二、多项选择题

1. 企业在对主要产品单位成本表分析时，先对产品单位成本进行一般分析，然后按（　　）等成本项目进行具体的分析。

A. 直接材料成本　　B. 直接人工成本

C. 制造费用　　D. 财务费用

【答案】ABC

2. 下列各项中，影响直接人工成本差异的有（　　）。

A. 实际工时　　B. 计划工时

C. 实际每小时工资成本　　D. 计划每小时工资成本

【答案】ABCD

【分析】直接人工成本差异 =（实际工时 − 计划工时）× 计划每小时工资成本 + 实际工时 ×（实际每小时工资成本 − 计划每小时工资成本）。

三、判断题

主要产品单位成本表的分析应当选择成本超支或节约较多的产品重点进行，以更有效地降低产品的单位成本。（　　）

【答案】√

【分析】通过主要产品单位成本表，可以分析各主要产品单位成本计划执行情况，查明各主要产品单位成本升降的原因。

【职业能力训练】

一、单项选择题

1. 下列不属于成本报表的是（　　）。

A. 商品产品成本表　　B. 主要产品单位成本表

C. 现金流量表　　D. 制造费用明细表

2. 在主要产品单位成本表中，不需要反映的指标是（　　）。

A. 上年实际平均单位成本　　B. 本年计划单位成本

C. 本月实际单位成本　　D. 本月实际总成本

3. 成本报表属于（　　）。

A. 对外报表　　B. 对内报表

C. 既是对内报表，又是对外报表　　D. 对内还是对外由企业决定

4. 成本报表的种类、格式和内容等，由（　　）。

A. 政府有关部门规定　　B. 国家制定的企业会计制度规定

C. 银行等债权人规定　　D. 企业自行决定

5. 商品产品成本表可以考核（　　）。

A. 全部产品成本和各种主要产品成本计划的执行结果

B. 制造费用、管理费用计划的执行结果

C. 可以按照成本项目分析、考核主要产品单位成本计划的执行结果

D. 主要产品技术经济指标执行情况

6. 产量变动影响产品单位成本主要表现在（　　）。

A. 直接材料项目　　B. 直接人工项目

C. 变动性制造费用　　D. 固定性制造费用

7. 填制商品产品成本表时，（　　）。

A. 可比、不可比产品需分别填列

B. 可比、不可比产品可合并填列

C. 可比、不可比产品既可分别填列，也可合并填列

D. 填制时无须划分可比、不可比产品

8. 企业以前正式生产过的有历史成本资料的产品是(　　)。

A. 可供销售产品　　B. 全部商品产品

C. 可比产品　　D. 不可比产品

9. 产量变动之所以影响产品单位成本，是因为(　　)。

A. 在产品全部成本中包括了一部分变动费用

B. 在产品全部成本中包括一部分相对固定的费用

C. 产品总成本不变

D. 产品产量增长小于产品总成本增长

10. 通过计算某项经济指标的各个组成部分占总体的比重，即部分与全部的比率，进行数量分析的方法是(　　)。

A. 构成比率分析法　　B. 相关指标比率分析法

C. 动态比率分析法　　D. 比较分析法

11. 某企业可比产品成本资料中，按上年实际平均单位成本计算的本年累计总成本为 20 万元；按计划单位成本计算的本年累计总成本为 20.5 万元；本年累计实际总成本为 21 万元；则该可比产品的成本降低率是(　　)。

A. 5%　　B. 2.44%

C. –5%　　D. –2.44%

12. 同时影响可比产品降低额和降低率变动的因素是(　　)。

A. 产品产量和产品单位成本　　B. 产品单位成本和产品品种比重

C. 产品产量和产品品种比重　　D. 产品品种比重和产品单位售价

13. 通过成本指标在不同时期(或不同情况)的数据对比，来揭示成本变动及其原因的一种方法是(　　)。

A. 比较分析法　　B. 趋势分析法

C. 比率分析法　　D. 因素分析法

14. 比较分析法只适用于(　　)。

A. 同质指标的质量对比　　B. 不同质指标的质量对比

C. 同质指标的数量对比　　D. 不同质指标的数量对比

15. 因素分析法下各因素的排列顺序一般是(　　)。

A. 数量指标在前，质量指标在后

B. 质量指标在前，数量指标在后

C. 数量指标在前，也可以在后

D. 质量指标在前，也可以在后

16. (　　)是构成比率指标。

A. 销售收入成本率

B. 成本利润率

C. 直接人工占产品总成本的百分比

D. 单位成本降低率

17. 主要产品单位成本的一般分析，通常先采用（　　）进行分析。

A. 比较分析法　　B. 趋势分析法

C. 比率分析法　　D. 连环替代法

18. 可比产品是指（　　），有完整的成本资料可以进行比较的产品。

A. 试制过　　B. 国内正式生产过

C. 企业曾经正式生产过　　D. 企业曾经试制过

19. 可比产品成本降低额是指可比产品累计实际比按（　　）计算的积累总成本降低的数额。

A. 本年计划单位成本　　B. 上年实际平均单位成本

C. 上年计划单位成本　　D. 国内同类产品实际平均单位成本

20. 在可比产品成本降低计划完成情况的分析中，假定其他因素不变，单纯产量变动（　　）

A. 只影响成本降低额

B. 只影响成本降低率

C. 既影响成本降低额又影响成本降低率

D. 不影响成本降低额

二、多项选择题

1. 工业企业一般编制的成本报表主要有（　　）。

A. 商品产品成本表　　B. 销售产品成本表

C. 主要产品单位成本表　　D. 制造费用明细表

E. 期间费用明细表

2. 编制成本报表的基本要求包括（　　）。

A. 数字准确　　B. 格式统一

C. 内容完整　　D. 方法统一

E. 编报及时

3. 在商品产品成本表中反映的指标有（　　）。

A. 全部产品的总成本　　B. 全部产品的单位成本

C. 主要产品的总成本　　D. 主要产品的单位成本

E. 主要产品的单耗

4. 编制成本报表的作用在于（　　）。

A. 考核全部产品成本计划的完成情况

B. 考核主要产品成本计划的完成情况

C. 分析可比产品成本降低任务的完成情况

D. 分析不可比产品成本降低任务的完成情况

E. 分析期间费用降低任务的完成情况

5. 商品产品成本表中对于可比产品需要列出的单位成本有（　　）。

A. 上年实际平均单位成本　　B. 本年计划单位成本

C. 本月实际单位成本　　D. 本年累计实际平均单位成本

E. 历史最高水平单位成本

6. 企业编制的成本报表中，除了商品产品成本表和主要产品单位成本表外，还要编制的其他成本报表有（　　）。

A. 制造费用明细表　　B. 财务费用明细表

C. 管理费用明细表　　D. 营业费用明细表

E. 产品单位成本明细表

7. 企业的成本报表的特点包括（　　）。

A. 能综合反映报告期内的产品成本水平

B. 是评价和考核各成本中心成本管理业绩的重要依据

C. 是确定奖惩的依据

D. 是进行成本差异分析的依据

8. 工业企业编报的成本报表必须做到（　　）。

A. 数字准确　　B. 内容完整　　C. 字迹清楚　　D. 编报及时

9. 影响可比产品成本降低率变动的因素有（　　）。

A. 产品产量　　B. 产品价格　　C. 产品品种构成　　D. 产品单位成本

10. 比率分析法主要有（　　）。

A. 相关比率分析法　　B. 构成比率分析法

C. 趋势比率分析法　　D. 连环替代分析法

11. 成本报表指标分析的方法有（　　）。

A. 比较分析法　　B. 比率分析法

C. 连环替代法　　D. 差额分析法

12. 连环替代法在实际运用过程中，要体现的特点包括（　　）。

A. 计算方法的简化性　　B. 计算程序的连环性

C. 计算结果的假设性　　D. 因素替换的顺序性

13. 比较分析法中的比较方式主要有（　　）。

A. 本期实际数据与本期计划数据比较

B. 本期实际数据与前期实际数据比较

C. 本期实际数据与前期计划数据比较

D. 本期实际数据与本行业实际平均数据或本行业先进企业实际数据比较

三、判断题

1. 商品产品成本表是反映企业在报告期内生产的全部产品总成本的报表。（ ）

2. 企业编制的成本报表一般不对外公布，所以，成本报表的种类、项目和编制方法可由企业自行确定。（ ）

3. 企业编制的所有成本报表中，商品产品成本表是最主要的报表。（ ）

4. 主要产品单位成本表中的一些数字，可以在商品产品成本表中找到。（ ）

5. 差额计算法是连环替代法的一种简化形式。（ ）

6. 企业的成本报表均是定期编制的。（ ）

7. 影响可比产品成本降低额指标变动的因素有产品产量、产品品种结构和产品单位成本。（ ）

8. 不可比产品是企业以前未生产过的没有历史成本资料的产品。（ ）

9. 采用比率分析法，先要把对比的数值变成相对数，求出比率。（ ）

10. 构成比率是计算某项指标的各个组成部分占总体的比例。（ ）

11. 比率分析法主要有对比分析法和相关指标比率分析法两种。（ ）

12. 水平分析法是将反映企业报告期成本的信息与反映企业前期或历史某一种成本状况的信息进行全面、综合对比，研究企业经营业绩或成本状况的发展变动情况的一种成本分析方法。（ ）

13. 采用连环替代法进行分析，其顺序为先数量因素，后质量因素；先实物因素，后价值因素。（ ）

14. 在测定某一因素变动影响时，采用连环替代法是以假定其他因素不变为条件的，即在其他因素不变的条件下，确定这一因素变动的影响程度。（ ）

15. 假定产品品种构成和产品单位成本不变，单纯产量变动只影响可比产品成本降低额，不影响可比产品成本降低率。（ ）

四、业务分析题

业务分析题一

（一）目的：练习商品产品成本表的编制。

（二）资料：某企业有关产量、单位成本和总成本的资料如表 7-1 所示。

表 7-1 某企业产品产量与成本情况表　　金额单位：元

产品名称		实际产量 / 件		单位成本		总成本	
		本月	本年累计	上年实际平均数	本年计划	本月实际	本年累计数
可比产品	A 产品	100	900	800	780	75 000	684 000
	B 产品	30	500	500	480	13 500	235 000
	C 产品	80	1 100	700	710	55 200	748 000

续表

产品名称		实际产量 / 件		单位成本		总成本	
		本月	本年累计	上年实际平均数	本年计划	本月实际	本年累计数
不可比产品	D 产品	300	3 200		1 150	375 000	3 520 000
	E 产品	600	7 800		1 480	894 000	11 076 000

（三）要求：根据上述资料，编制商品产品成本表，并计算可比产品成本降低额和降低率，见表 7–2。

表 7–2　商品产品成本表

编制单位：××工厂　　2024 年 × 月　　金额单位：元

产品名称	计量单位	实际产量		单位成本				本月总成本			本年累计总成本		
		本月	本年累计	上年实际平均	本年计划	本月实际	本年累计实际平均	按上年实际平均单位成本计算	按本年计划单位成本计算	本期实际	按上年实际平均单位成本计算	按本年计划单位成本计算	本年实际
可比产品合计													
其中：A 产品	件												
B 产品	件												
C 产品	件												
不可比产品合计													
其中：D 产品	件												
E 产品	件												
全部产品													

业务分析题二

（一）目的：训练可比产品成本分析。

（二）资料：某工业企业生产 A 产品和 B 产品，均为可比产品。有关资料如下：

1. 本年度 A 产品、B 产品产量和产品成本如表 7–3 所示。

表 7–3　A、B 产品产量和产品成本情况表

产品	产量 / 台	上年实际平均单位成本 / 元	本年计划单位成本 / 元	本年实际累计总成本 / 元
A 产品	140	120	115	16 875.6
B 产品	30	260	244	7 232.4

2. 本年可比产品成本计划降低额 1 240 元，计划降低率 5%。

（三）要求：

1. 计算可比产品成本实际降低额和降低率。

2. 采用对比分析，计算可比产品成本降低计划的完成情况。

业务分析题三

（一）目的：训练差额计算法。

（二）资料：某项目某月的实际成本降低额比计划提高了 2.4 万元，具体情况如表 7-4 所示。

表 7-4 成本降低情况 金额单位：万元

项目	计划	实际	差异
预算成本	300	320	+20
成本降低率	4%	4.5%	0.5%
成本降低额	12	12	+2.4

（三）要求：根据上列资料，应用差额计算法分别分析预算成本和成本降低率对成本降低额的影响程度。

五、Excel 应用实操题

表 7-5 是关于 2016—2023 年甲产品实际成本与计划成本的数据，要求运用 Excel 工具完成计划成本与实际成本对比情况的可视化分析。

表 7-5 甲产品各年份实际成本与计划成本情况 单位：元

年份	计划成本	实际成本
2016	6 000 000	5 683 855.4
2017	3 000 000	3 265 431.7
2018	3 000 000	3 409 189.5
2019	4 000 000	3 677 803.2
2020	6 000 000	8 330 937.9
2021	6 000 000	6 101 319.8
2022	6 000 000	6 848 837.1
2023	6 000 000	4 270 089.9

第八章 成本考核

学习目标

了解成本考核的概念与内容，了解责任中心的概念及划分，了解责任成本的含义，掌握成本中心、利润中心和投资中心的成本考核指标的计算。

学习重难点

学习重点：正确划分责任中心类型并计算各责任中心成本考核指标。

学习难点：运用成本考核指标对各责任中心进行业绩评价。

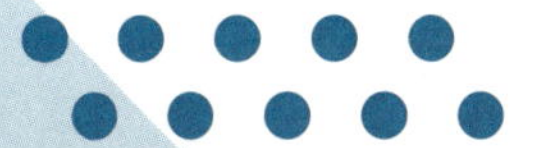

【知识点回顾】

知识点	内容
成本考核的概念	成本考核属于成本会计的职能之一，指的是定期通过成本指标的对比分析，对目标成本的实现情况和成本计划指标的完成结果进行全面审核、评价，并予以奖惩的成本管理手段
成本考核的内容	1. 编制责任成本预算； 2. 确定成本考核指标； 3. 业绩评价与实施奖惩
成本考核方法	1. 传统成本考核方法； 2. 现代成本考核方法
责任中心的概念	责任中心，也叫责任单位，是指企业内部具有一定权利并承担相应工作责任的部门或管理层次，其基本特征是权、责、利相结合
成本中心的概念	成本中心是指其责任者只对成本或费用负责，有权发生并控制成本的单位
利润中心的概念	利润中心是指既能控制成本，又能控制收入和利润的责任单位
投资中心的概念	投资中心是指既能控制收入、成本和利润，又能对投入的资金进行控制的责任中心
责任成本的概念	某个责任中心当期发生的各项可控成本之和，即为该中心的责任成本
成本中心的考核指标	预算成本节约额和预算成本节约率
利润中心考核指标	边际贡献、可控边际贡献和部门边际贡献
投资中心考核指标	投资报酬率、剩余收益和经济增加值

【典型例题分析】

一、单项选择题

1. 成本中心控制和考核的内容是（　　）。

A. 责任成本　　B. 产品成本

C. 目标成本　　D. 不可控成本

【答案】A

【分析】成本中心控制和考核的内容是责任成本。

2. 某企业内部乙车间是人为利润中心，本期实现内部销售收入 200 万元，变动成本为 120 万元，该中心负责人可控固定成本为 20 万元，不可控但应由该中心负担的固定成本为 10 万元，则该中心对整个公司所做的经济贡献为（　　）万元。

A. 80　　B. 60　　C. 50　　D. 40

【答案】C

【分析】部门边际贡献 = 可控边际贡献 − 该中心负责人不可控固定成本 =200−120−20−10=50（万元），选项 C 正确。

3. 责任成本考核的关键在于（ ）。

A. 编制责任成本预算　　B. 修订责任成本预算

C. 确定成本考核指标　　D. 评价最终业绩

【答案】C

【分析】责任成本考核的关键在于确定恰当的成本考核指标。

二、多项选择题

1. 下列各项指标中，根据责任中心权责利关系，适用于利润中心业绩评价的有（ ）。

A. 部门边际贡献　　B. 可控边际贡献

C. 投资报酬　　D. 剩余收益

【答案】AB

【分析】根据责任中心权责利关系，适用于利润中心业绩评价的有部门边际贡献和可控边际贡献。

2. 根据责任成本管理基本原理，成本中心只对可控成本负责。可控成本应具备的条件有（ ）。

A. 该成本是成本中心可计量的

B. 该成本的发生是成本中心可预见的

C. 该成本是成本中心可调节和控制的

D. 该成本是为成本中心取得收入而发生的

【答案】ABC

【分析】可控成本是指成本中心可以控制的各项耗费，它应具备三个条件：第一，该成本的发生是成本中心可以预见的；第二，该成本是成本中心可以计量的；第三，该成本是成本中心可以调节和控制的。

三、判断题

1. 以剩余收益作为业绩评价指标可以弥补投资报酬率指标会使局部利益与整体利益相冲突的不足。（ ）

【答案】√

【分析】以剩余收益作为业绩评价指标可以弥补投资报酬率指标会使局部利益与整体利益相冲突的不足。

2. 高层次责任中心的不可控成本，对于较低层次的责任中心来说，一定是不可控的。（ ）

【答案】√

【分析】对于较低层次的责任中心来说，高层次责任中心的不可控成本一定是不可控的。

【职业能力训练】

一、单项选择题

1. 为了适应社会主义市场经济发展的要求，一般应以（　　）作为成本考核指标。

A. 可比产品成本计划完成指标　　B. 全部产品成本计划完成率

C. 标准成本　　D. 责任成本

2. 既要对收入负责，又要对成本费用负责的是（　　）。

A. 成本中心　　B. 费用中心　　C. 利润中心　　D. 投资中心

3. 下列有关责任成本的表述中，正确的是（　　）。

A. 责任成本与产品成本的目标是不一致的

B. 责任成本是发生在成本中心的成本

C. 责任成本只包括可控成本

D. 责任成本与产品成本完全不同

4. 应用最为广泛的责任中心是（　　）。

A. 成本中心　　B. 利润中心　　C. 投资中心　　D. 都不是

5. 责任成本考核的关键在于（　　）。

A. 编制责任成本预算　　B. 修订责任成本预算

C. 确定成本考核指标　　D. 评价最终业绩

6. 责任中心的成本考核应以（　　）为重点。

A. 责任成本　　B. 产品成本

C. 变动成本　　D. 可控成本

7. 对投资中心经营成本进行评价时，与投资报酬率相比，使用剩余收益指标的优点在于（　　）。

A. 能够兼顾利润与投资

B. 可以反映投资中心的综合盈利能力

C. 与会计系统紧密相连，数据可以从各分部利润表和资产负债表中直接取得

D. 促使部门目标和企业整体目标趋于一致

8. 某投资中心的投资额为 10 万元，最低投资报酬率为 20%，剩余收益为 1 万元，则该中心的投资利润率为（　　）。

A. 10%　　B. 20%　　C. 30%　　D. 60%

9. 下列各种责任中心中，属于最高层次的是（　　）。

A. 成本中心　　B. 收入中心

C. 投资中心　　D. 利润中心

10. 某企业内部的乙车间是人为利润中心，本期实现内部销售收入 200 万元，变动成本为 120 万元，该中心负责人可控固定成本为 20 万元，不可控但应由该中心负担的固定成本为 10 万元，则该中心对整个公司所做的经济贡献为（　　）万元。

A. 80　　B. 60　　C. 50　　D. 40

11. 下列有关可控成本的表述中错误的是（　　）。

A. 成本的可控性是就特定的责任中心、特定的期间和特定的权限而言的

B. 某项成本对某责任中心是可控的，但对另一责任中心却是不可控的

C. 有些成本在这个时间是可控的，而在另一个时间可能是不可控的

D. 下一级责任中心的可控成本，往往是上一级责任中心的不可控成本

12. 在企业责任成本管理中，责任成本是成本中心考核和控制的主要指标，其构成内容是（　　）。

A. 产品成本之和　　B. 固定成本之和

C. 可控成本之和　　D. 不可控成本之和

13. 目标成本责任制的核心是（　　）。

A. 责、权、利相结合

B. 借以控制和降低各种产品的生产成本

C. 明确各责任中心的经济责任和经济利益

D. 对目标成本的实现情况和成本预算指标的完成结果进行全面地审核和评价

14. 成本中心控制和考核的内容是（　　）。

A. 责任成本　　B. 产品成本

C. 直接成本　　D. 目标成本

15. 责任成本是指该中心发生的（　　）。

A. 工段成本之和　　B. 产品成本之和

C. 可控成本之和　　D. 不可控成本之和

二、多项选择题

1. 按成本考核与评价的内容，成本考核指标分为（　　）。

A. 实物指标和价值指标　　B. 数量指标和质量指标

C. 单项指标和综合指标　　D. 车间、班组、职能部门

2. 根据责任成本管理基本原理，成本中心只对可控成本负责。可控成本应具备的条件有（　　）。

A. 该成本是成本中心可计量的

B. 该成本的发生是成本中心可预见的

C. 该成本是成本中心可调节和控制的

D. 该成本是为成本中心取得收入而发生的

3. 下列各项指标中，根据责任中心的权责利关系，适用于利润中心业绩评价的有（　　）。

A. 部门边际贡献　　B. 可控边际贡献

C. 投资报酬率　　D. 剩余收益

4. 下列表述中，正确的说法有（　　）。

A. 高层次责任中心的不可控成本，对于较低层次的责任中心来说，一定是不可控的

B. 低层次责任中心的不可控成本，对于较高层次的责任中心来说，一定是可控的

C. 某一责任中心的不可控成本，对另一个责任中心来说可能是可控的

D. 某些从短期看属于不可控的成本，从长期看则可能成为可控成本

5. 下列说法中，正确的有（　　）。

A. 责任中心所计量和考核的责任成本必须是可控成本

B. 责任中心发生的成本都是可控成本

C. 可控成本是相对于不可控成本而言的

D. 可控成本与不可控成本的划分是绝对的

6. 成本考核工作的内容主要包括（　　）。

A. 编制责任成本预算　　B. 计算各责任中心的责任成本

C. 修订责任成本预算　　D. 确定成本考核指标

7. 责任中心具有的特征包括（　　）。

A. 拥有适当的经营决策权

B. 承担与其经营权相适应的经济责任

C. 建立与责任相配套的利益机制

D. 一般可分为成本中心、利润中心和投资中心三类

8. 下列有关责任成本的表述中，正确的有（　　）。

A. 责任中心，不论层次高低、所负责任大小，都要考核其责任成本

B. 责任成本是指由特定的责任中心所发生的耗费

C. 责任成本的核算原则是谁受益，谁承担

D. 责任成本是企业目标成本管理的核心

9. 将责任中心划分为成本中心、利润中心和投资中心的依据有（　　）。

A. 规模大小　　B. 费用多少

C. 控制区域　　D. 权责范围

10. 在下列各项中，属于可控成本必须同时具备的条件有（　　）。

A. 可以预计　　B. 可以计量

C. 可以施加影响　　D. 可以落实责任

11. 责任成本与产品成本的主要区别包括（　　）。

A. 核算对象不同　　B. 核算原则不同

C. 核算内容不同　　D. 核算目的不同

三、判断题

1. 不论是什么类型的责任中心，也不论其层次高低、所负责任的大小，都有责任成本发生。（　　）

2. 由于责任成本的计算与产品成本的计算是两个不同的核算体系，因此，责任成本控制的有效与否不会影响产品成本的耗费水平。 ( )

3. 成本的可控性是就特定的责任中心、特定的期间和特定的权限而言的。 ( )

4. 在对成本中心考核时，如果预算产量与实际产量不一致，应先按弹性预算的方法调整预算指标，然后再进行考核。 ( )

5. 成本中心不论规模的大小，其控制和考核的内容是一致的。 ( )

6. 最低投资报酬率一般等于或大于资本成本。 ( )

7. 以剩余收益作为业绩评价指标，可以弥补投资报酬率指标会使局部利益与整体利益相冲突的不足。 ( )

8. 剩余收益仅反映当期业绩，单纯使用这一指标会导致投资中心管理者的短期行为。 ( )

9. 剩余收益是绝对指标，难以在不同规模的投资中心之间进行业绩比较。 ( )

10. 某项会使投资中心的投资利润率提高的投资，不一定会使整个企业的投资利润率提高；但某项会使某投资中心的剩余收益提高的投资，则一定会使整个企业的剩余收益提高。 ( )

11. 责任成本和产品成本是一致的。 ( )

12. 对一个企业或一个成本中心而言，变动成本大多是可控成本，而固定成本大多是不可控成本。 ( )

13. 高层次责任中心的不可控成本，对于较低层次的责任中心来说，一定是不可控的。 ( )

14. 低层次责任中心的不可控成本，对于较高层次责任中心来说，一定是可控的。 ( )

15. 分清可控成本与不可控成本是责任中心成本核算的一个前提条件。 ( )

16. 成本的可控与不可控与该责任中心所处管理层次的高低、管理权限及控制范围的大小和运营期的长短没有直接联系。 ( )

17. 责任成本的归集原则是“谁负责，谁承担”，而产品成本的归集原则是“谁受益，谁承担”。 ( )

四、业务分析题

业务分析题一

（一）目的：练习预算成本节约额和预算成本节约率。

（二）资料：江南制造厂的铸造车间为成本中心，生产铸造甲产品。2024 年 10 月预算产量 5 000 件，单位成本 300 元，实际产量 5 500 件，单位成本 280 元。

（三）要求：计算该铸造车间的预算成本节约额和预算成本节约率。

业务分析题二

（一）目的：练习利润中心的考核指标。

（二）资料：江南制造厂的铸造车间为人为利润中心，2024 年 10 月实现内部销售收入 500 万元，变动成本 300 万元，该中心负责人可控固定成本 60 万元，不可控但应由该中心负担的固定成本 20 万元。

（三）要求：计算该利润中心的各项考核指标。

业务分析题三

（一）目的：练习投资中心的投资报酬率。

（二）资料：江南制造厂下设的 A 分公司为投资中心，该中心 2024 年 10 月营业利润为 800 万元，期初营业资产为 6 500 万元，期末营业资产为 7 500 万元。

（三）要求：计算该投资中心的投资报酬率。

业务分析题四

（一）目的：练习投资方案。

（二）资料：企业平均投资回报率为 10%，一投资中心在计划期内有两个项目可以选择：

项目甲：投资 100 000 元，预计利润为 12 000 元；

项目乙：投资 50 000 元，预计利润为 7 000 元。

（三）要求：根据上述资料，判断该企业应选取哪个项目。

五、Excel 应用实操题

某集团公司有甲、乙两家分公司，该集团公司要求的最低投资利润率为 10%，其他相关资料如表 8-1 所示，要求使用 Excel 工具比较两家分公司的剩余收益情况。

表 8-1 甲、乙公司经营数据　　单位：元

项目	甲公司	乙公司
平均经营资产	20 000 000	3 000 000
营业收益	2 000 000	200 000

第九章 成本控制

9

学习目标

掌握成本预测的概念和方法，掌握成本决策的程序并能够应用于实际工作，掌握定额法和标准成本法。

学习重难点

学习重点：成本决策的应用、定额法和标准成本法的熟练使用。

学习难点：定额成本差异、标准成本差异的计算和分析。

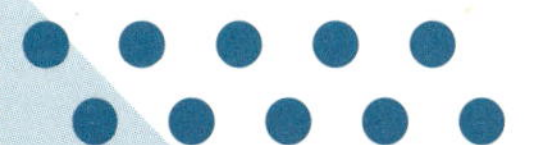

【知识点回顾】

知识点	内容
成本预测的含义	成本预测是指在科学理论的指导下，认真分析和研究企业内部和外部的条件变化，根据大量的经济信息资料对企业未来的成本变化趋势作出推断和预测，估算某一成本对象未来成本目标和水平
高低点法的含义	高低点法是指以历史成本资料中业务量最高和最低两个时期的成本数据为依据，借以推算成本的固定部分和变动部分，用来预测计划期内业务量变化条件下的总成本水平。其数学模型为：$y=a+bx$
回归分析法	回归分析法是指研究变量之间相互关系的一种数理统计方法。它是先从变量的资料中找出变量之间的内在联系并加以模型化，形成经验公式，即回归方程；再运用这个方程，根据自变量的变化来预测变量的数值
成本决策的含义	成本决策是指以成本预测为基础，尽力挖掘潜力，开展价值分析，提出降低成本的各种可行性方案，然后根据有关决策理论，采取适当的决策方法，对各方案进行分析、比较、筛选、择优，并据以制定目标成本的过程
相关成本	相关成本包括边际成本、差量成本、付现成本、机会成本、沉没成本等
总额分析法	总额分析法是指以利润作为最终的评价指标，按照“销售收入——变动成本——固定成本”的模式计算利润，由此决定方案取舍的一种决策方法
差量损益分析法	差量损益是指两个不同方案损益之间的差异额。差量损益分析法是以差量损益作为最终的评价指标，根据差量损益决定方案取舍的一种决策方法
相关成本分析法	相关成本分析法是指以相关成本作为最终的评价指标，由相关成本决定方案取舍的一种决策方法。相关成本越小，说明企业所费成本越低，因此决策时应选择相关成本最低的方案作为优选方案
成本无差别点法	成本无差别点法是指以成本无差别点业务量作为最终的评价指标，根据成本无差别点所确定的业务量范围来决定方案取舍的一种决策方法。这种方法适用于只涉及成本而且业务量未知的方案决策
线性规划法	线性规划法是数学中的线性规划原理在成本决策中的应用，是依据所建立的约束条件和目标函数进行分析评价的一种决策方法
边际分析法	边际分析法是微分极值原理在成本决策中的应用，是利用微分求导结果进行分析评价的一种决策方法。该方法主要用于成本最小化或利润最大化等问题的决策
成本计划概述	成本计划是以货币形式预先确定企业在计划期内产品生产耗费和各种产品的成本水平，以及相应的成本降低水平，并为此采取主要措施的书面方案
成本计划的内容	1. 按照生产要素确定的生产耗费编制生产费用预算，如变动制造费用采用弹性预算，固定制造费用采用固定预算； 2. 按照生产费用的经济用途，即按产品成本项目编制产品单位成本计划和全部产品成本计划
成本计划的编制方法	1. 厂部直接编制成本计划； 2. 分级编制成本计划； 3. 厂部和车间相结合编制成本计划
成本计划的编制程序	1. 制定成本计划的编制原则； 2. 收集和整理资料； 3. 确定生产和销售预算； 4. 成本指标的试算平衡； 5. 编制成本计划

续表

知识点	内容
定额法的概念	定额法是指在实际发生生产费用时，将实际生产费用划分为符合定额的费用和差异两部分，平时按照定额费用进行产品成本核算，月末时，将定额成本加上或减去差异得到实际成本的一种成本计算方法
定额法的适用范围	定额法适用于定额管理制度比较健全，定额管理基础工作较好，产品生产已经定型，各项消耗定额比较稳定的企业
定额法的优点和缺点	采用定额法的优点是在产品成本计算的过程中，将产品成本的事先计划、事中控制和事后分析有机地结合在一起；缺点是成本核算的工作量较大
定额成本	产品的单位定额成本 = 原材料费用定额 + 生产工资费用定额 + 制造费用定额 = 产品原材料消耗定额 × 原材料计划单价 + 产品生产工时定额 × 生产工资计划单价 + 产品生产工时定额 × 制造费用计划单价
脱离定额差异	脱离定额差异是指生产过程中各项生产费用的实际支出（如果是直接材料，则按计划价格计算）脱离现行定额或预算的数额
某产品应分配的原材料成本差异	某产品应分配的原材料成本差异 =（该产品的原材料定额费用 ± 原材料脱离定额差异）× 材料成本差异率 = 该产品材料实际消耗量 ×（材料实际价格 − 材料计划价格）
定额变动差异的概念	定额变动差异是指因修订消耗定额或生产耗费的计划价格而产生的新旧定额之间的差额
标准成本法的概念	标准成本法是指预先制定成本标准，并将实际成本与标准成本进行比较，揭示成本差异，分析差异产生的原因，明确经济责任，消除差异，并据以加强成本控制的一种成本计算和成本控制方法
标准成本的分类	1. 按照制定所根据的生产技术和经营管理水平，分为理想标准成本和正常标准成本； 2. 按其适用期，分为现行标准成本和基本标准成本
单位产品标准成本	单位产品标准成本 = 直接材料标准成本 + 直接人工标准成本 + 制造费用标准成本 = Σ（用量标准 × 价格标准）
成本差异	成本差异 = 实际产量下实际成本 − 实际产量下标准成本 = 实际数量 × 实际价格 − 标准数量 × 标准价格 = 实际数量 ×（实际价格 − 标准价格）+（实际数量 − 标准数量）× 标准价格 = 价格差异 + 数量差异
价格差异	价格差异 = 实际数量 ×（实际价格 − 标准价格）
数量差异	数量差异 =（实际数量 − 标准数量）× 标准价格
直接材料成本差异	直接材料成本差异 = 实际产量下实际成本 − 实际产量下标准成本 = 实际用量 × 实际价格 − 实际产量下标准用量 × 标准价格 = 直接材料用量差异 + 直接材料价格差异
直接人工成本差异	直接人工成本差异 = 实际直接人工成本 − 实际产量下标准直接人工成本 = 实际工时 × 实际工资率 − 实际产量下标准工时 × 标准工资率 = 直接人工效率差异 + 直接人工工资率差异
变动制造费用成本差异	变动制造费用成本差异 = 实际变动制造费用 − 实际产量标准变动制造费用 = 实际工时 × 变动制造费用实际分配率 − 实际产量下标准工时 × 变动制造费用标准分配率 = 变动制造费用效率差异 + 变动制造费用耗费差异

续表

知识点	内容
固定制造费用成本差异	固定制造费用成本差异 = 实际产量下实际固定制造费用 − 实际产量下标准固定制造费用 = 实际工时 × 实际分配率 − 实际产量下标准工时 × 标准分配率
两因素分析法	在两因素分析法下，将固定制造费用成本差异分为预算差异和能量差异
三因素分析法	三因素分析法是在两因素分析的基础上，进一步将两因素中的能量差异分解为效率差异和闲置能量差异（又称为产量差异）

【典型例题分析】

一、单项选择题

1. 在正常情况下，企业经过努力可以达到的标准成本是（　　）。

A. 理想标准成本　　B. 正常标准成本

C. 现行标准成本　　D. 基本标准成本

【答案】B

【分析】正常标准成本是指在效率良好的条件下，根据下期一般应该发生的生产要素消耗量、预计价格和预计生产经营能力利用程度制定出来的标准成本。

2. 下列方法中，可用于计算材料脱离定额差异的方法是（　　）。

A. 系数法　　B. 盘存法　　C. 代数法　　D. 因素法

【答案】B

【分析】材料脱离定额差异的计算主要有限额法、盘存法和材料切割法三种方法。

二、多项选择题

1. 高低点法是指以历史成本资料中业务量（　　）两个时期的成本数据为依据，借以推算成本的固定部分和变动部分，用来预测计划期内业务量变化条件下的总成本水平。

A. 最高　　B. 最低

C. 平均业务量　　D. 较高

【答案】AB

【分析】高低点法是指以历史成本资料中业务量最高和最低两个时期的成本数据为依据，借以推算成本的固定部分和变动部分，用来预测计划期内业务量变化条件下的总成本水平。

2. 以下属于成本决策原则的是（　　）。

A. 整体性原则　　B. 人本性原则

C. 相对性原则　　D. 最优化原则

【答案】ABCD

【分析】成本决策的原则包括整体性原则、人本性原则、相对性原则和最优化原则。

三、判断题

1. 沉没成本是由过去的决策行为决定且已经发生的，并不能为现在决策所改变的成本。（　　）

【答案】√

【分析】本题考核沉没成本的概念。

2. 属于相关成本的有：差量成本、边际成本、机会成本、假计成本、付现成本、重置成本、专属成本和不可避免成本等。（　　）

【答案】×

【分析】不可避免成本属于决策无关成本。

3. 成本计划是以货币形式预先确定企业在计划期内产品生产耗费和各种产品的成本水平以及相应的成本降低水平和为此采取的主要措施的书面方案。（　　）

【答案】√

【分析】本题考核成本计划的概念。

【职业能力训练】

一、单项选择题

1. 在认真分析研究企业和外在条件变化的基础上，确定一定时期的成本水平和目标成本的经济预测属于（　　）。

A. 成本预测　B. 成本控制　C. 成本分析　D. 成本决策

2. 首先请经验丰富的专家进行分析判断，提出成本预测的初步意见，然后通过发函咨询、座谈讨论等方式，对初步意见进行修改、补充，以作为成本预测依据的分析方法属于（　　）。

A. 定性分析法　B. 定量分析法　C. 因素分析法　D. 混合分析法

3. 预测分析的方法一般分为两大类，即定量分析法和（　　）。

A. 平均法　B. 定性分析法

C. 回归分析法　D. 指数平滑法

4. 以下各项中，（　　）不是揭示材料脱离定额差异的方法。

A. 类推法　B. 盘存法

C. 切割法　D. 差异凭证法

5. 在定额法下，材料脱离定额的差异是指（　　）。

A. 因材料的新定额成本与老定额成本的不同而产生的差异

B. 因材料的实际成本与定额成本的不同而产生的差异

C. 因材料的实际价格与计划价格的不同而产生的差异

D. 因材料的实际耗用量与定额耗用量的不同而产生的差异

6. 在应用高低点法进行成本性态分析时，选择最高点坐标的依据是（　　）。

A. 最高的业务量　B. 最高的成本

C. 最高的业务量和最高的成本　　D. 最高的业务量或最高的成本

7. 在定量分析方法中，计算结果最为精确的方法是（　　）。

A. 高低点法　　B. 专家小组法　　C. 德尔菲法　　D. 回归分析法

8. 利用历史成本会计统计资料以及成本与影响因素之间的数量关系，通过建立一定的数学模型来计算未来成本的可能结果的分析方法属于（　　）。

A. 定量分析　　B. 定性分析　　C. 因素分析　　D. 混合分析

9. 在经济决策过程中，因选取某一方案而放弃另一方案所付出的代价或丧失的潜在利益，就是所谓的（　　）。

A. 差量成本　　B. 机会成本　　C. 专属成本　　D. 重置成本

10. 与决策相关联，决策分析时必须认真加以考虑的未来成本是（　　）。

A. 相关成本　　B. 不相关成本　　C. 产品成本　　D. 责任成本

11. 决策中不需要区分相关成本和无关成本，以利润作为最终评价指标的决策方法是（　　）。

A. 总额分析法　　B. 差量损益分析法

C. 线性规划法　　D. 边际分析法

12. 以差量损益作为最终的评价指标，由差量损益决定方案取舍的决策方法是（　　）。

A. 相关成本分析法　　B. 差量损益分析法

C. 成本无差别点法　　D. 边际分析法

13. 企业生产产品面临几种不同工艺方案进行生产决策时，如果产品的产销量尚不确定，应采用的决策方法是（　　）。

A. 总额分析法　　B. 差量损益分析法

C. 相关成本分析法　　D. 成本无差别点法

14. 新产品开发的决策主要是利用企业现有剩余生产能力或老产品腾出来的生产能力开发新产品，对不同新产品开发方案进行的决策时，应采用（　　）。

A. 总额分析法　　B. 差量损益分析法

C. 成本无差别点法　　D. 相关成本分析法

15. 成本计划编制方式有统一编制和分级编制。统一编制以（　　）为核心。

A. 人事部门　　B. 制造部门　　C. 财会部门　　D. 采购部门

16. 在定额法下，（　　）不影响产品的实际成本。

A. 月初定额成本　　B. 脱离定额的差异

C. 定额变动　　D. 月末定额成本

17. 定额成本是（　　）的一种。

A. 现行成本　　B. 目标成本

C. 重置成本　　D. 机会成本

18. 以下有关限额法的表述中，错误的是（　　）。

A. 限额法是控制领料，促进用料节约的重要手段

B. 限额法又称为差异凭证法

C. 限额法能完全控制用料

D. 在限额法下，差异凭证中的差异仅仅是领料差异，而不一定是用料差异

19. 原材料的定额费用和脱离定额的差异是按照（　　）计算的。

A. 实际成本　　B. 计划成本

C. 加权平均成本　　D. 可变现净值

20. 标准成本制度的前提和关键是（　　）。

A. 标准成本的制定　　B. 成本差异的计算

C. 成本差异的分析　　D. 成本差异的账务处理

21. 标准成本制度的重点是（　　）。

A. 标准成本的制定　　B. 成本差异的计算分析

C. 成本差异的账务处理　　D. 成本控制

22. 在经济形势变化无常的情况下，（　　）为适合的标准成本。

A. 基本标准成本　　B. 理想标准成本

C. 正常标准成本　　D. 现行标准成本

23. 在采用变动成本法计算的企业中，单位产品的标准成本不包括（　　）标准成本。

A. 直接材料　　B. 直接人工

C. 变动制造费用　　D. 固定制造费用

24. 下列情况中，需要对基本标准成本进行修订的是（　　）。

A. 重要的原材料价格发生重大变化

B. 工作方法改变引起的效率变化

C. 生产经营能力利用程度的变化

D. 市场供求变化导致的售价变化

25. 下列各项中，属于直接人工标准工时组成内容的是（　　）。

A. 由于设备意外故障产生的停工工时

B. 由于更换产品产生的设备调整工时

C. 由于生产作业计划安排不当产生的停工工时

D. 由于外部供电系统故障产生的停工工时

26. 成本差异是指在标准成本控制系统下，企业在一定时期生产一定数量的产品所发生的实际成本与（　　）之间的差额。

A. 计划成本　　B. 历史成本　　C. 标准成本　　D. 预算成本

27. 计算数量差异要以（　　）为基础。

A. 标准价格　　B. 实际价格　　C. 标准成本　　D. 实际成本

28. 本月生产甲产品 8 000 件，实际耗用 A 材料 32 000 千克，其实际价格为每千克 40 元。该产品 A 材料的用量标准为 3 千克，标准价格为 45 元，其直接材料用量差异为（　　）元。

A. 360 000　　B. 320 000　　C. 200 000　　D. −160 000

29. 直接人工效率差异是指单位（　　）耗用量脱离单位标准人工工时耗用量所产生的差异。

A. 实际人工工时　　B. 定额人工工时
C. 预算人工工时　　D. 正常人工工时

30. 固定制造费用的实际金额与固定制造费用的预算金额之间的差额称为（　　）。

A. 开支差异（耗费差异、预算差异）
B. 效率差异
C. 闲置能量差异
D. 能量差异

31. 在两差异法下，固定制造费用的差异可以分解为（　　）。

A. 价格差异和产量差异　　B. 耗费差异和效率差异
C. 能量差异和效率差异　　D. 耗费差异和能量差异

32. 下列变动成本差异中，无法从生产过程的分析中找出产生原因的是（　　）。

A. 变动制造费用效率差异　　B. 变动制造费用耗费差异
C. 直接材料价格差异　　D. 直接人工效率差异

33. 在成本核算中，成本预测主要用于（　　）。

A. 回顾过去的成本　　B. 预测未来的成本
C. 核算当前的成本　　D. 比较不同产品的成本

34. 成本决策通常涉及（　　）。

A. 增加生产成本　　B. 降低生产成本
C. 不考虑成本因素　　D. 忽视市场需求

35. 成本计划的目的是（　　）。

A. 仅仅记录实际发生的成本
B. 提前设定未来期间的成本目标
C. 分析过去的成本表现
D. 随着业务变化不断调整计划

二、多项选择题

1. 成本预测的定量分析法包括（　　）。

A. 高低点法　　B. 回归分析法
C. 投入产出法　　D. 加权平均法

2. 成本预测的高低点法中的业务量可以有（　　）。

A. 产量　　B. 销量
C. 人工工时　　D. 机器工时

3. 定性分析法包括（　　）。

A. 主观判断法　B. 德尔菲法　C. 专家小组法　D. 高低点法

4. 成本预测的步骤包括（　　）。

A. 确定预测目标，制定预测计划　　B. 收集和分析预测资料

C. 建立预测模型　　D. 分析预测误差，修正预测结果

5. 成本决策的原则有（　　）。

A. 最优化原则　　B. 人本性原则

C. 相对性原则　　D. 整体性原则

6. 下列说法正确的有（　　）。

A. 成本决策是以成本预测为基础

B. 成本决策是制定成本计划的前提

C. 成本决策包括宏观成本决策和微观成本决策

D. 在成本决策时，要在多种因素、多个方案中权衡利弊，根据最优化原则从中选择整体效益最优的方案

7. 下列属于相关成本的有（　　）。

A. 差量成本　　B. 机会成本　　C. 专属成本　　D. 沉没成本

8. 下列属于不相关成本的有（　　）。

A. 沉没成本　　B. 共同成本　　C. 付现成本　　D. 重置成本

9. 成本决策的方法包括（　　）。

A. 差量损益分析法　　B. 相关成本分析法

C. 成本无差别点法　　D. 总额分析法

10. 下列说法正确的有（　　）。

A. 亏损产品按其亏损情况分为实亏损产品和虚亏损产品

B. 实亏损产品是指产品的销售收入低于其变动成本

C. 实亏损产品生产越多，亏损越多

D. 虚亏损产品是指产品的销售收入高于变动成本的产品，这种产品对企业还有贡献，因此应该对虚亏损产品先进行分析，再做出决策

11. 在零件自制或外购决策过程中需要注意的要点包括（　　）。

A. 如果企业没有剩余生产能力，不需要追加设备投资，那么只需要考虑变动成本即可

B. 自制方案一般需要考虑固定成本

C. 如果企业没有足够的剩余生产能力，需要追加设备投资，则新增加的专属成本也应该属于相关成本

D. 如果剩余生产能力有其他用途，则必须考虑机会成本

12. 在零部件自制或外购的决策分析时，（　　）。

A. 自制的成本包括变动成本

B. 自制的成本包括变动成本和不可避免的固定成本

C. 外购的成本包括买价、运杂费、保险费等

D. 要将自制与外购的相关成本进行对比

13. 下列属于编制成本计划意义的有（　　）。

A. 成本计划是企业成本控制的主要尺度

B. 成本计划是编制其他计划的重要依据

C. 成本计划是评价考核企业及部门业绩的标准

D. 成本计划是成本决策的依据

14. 成本计划的内容较多，一般包括（　　）。

A. 产品单位成本计划　　B. 全部产品成本计划

C. 制造费用预算　　D. 期间费用预算

15. 下列属于编制成本计划必须经过的步骤有（　　）。

A. 收集和整理资料

B. 预计和分析上期成本计划的执行情况

C. 进行成本降低指标的测算

D. 编制成本计划

16. 企业在制定标准成本时，无论对哪个成本项目，都需要分别确定其（　　）。

A. 工时标准　B. 费用标准　C. 用量标准　D. 价格标准

17. 定额法通常可以与（　　）结合使用。

A. 品种法　B. 分批法　C. 分步法　D. 分类法

18. 采用定额成本法计算在产品成本时，应具备的条件有（　　）。

A. 定额管理基础较好　　B. 消耗定额比较准确

C. 各月末在产品数量变化不大　　D. 各月末在产品数量变化较大

19. 在计时工资形式下，影响生产工人工资脱离定额差异的因素有（　　）。

A. 生产工时　B. 废品数量　C. 小时工资率　D. 使用临时工的人数

20. 关于成本控制的下列表述中，正确的有（　　）。

A. 成本控制制度会受到大多数员工的欢迎

B. 对数额很小的费用项目，控制可以从略

C. 不存在适用于所有企业的成本控制模式

D. 成本控制的根本目的是确定成本超支的责任人

21. 标准成本控制系统的内容包括（　　）。

A. 标准成本的执行　　B. 标准成本的制定

C. 成本差异的账务处理　　D. 成本差异的计算分析

22. 在确定直接人工正常标准成本时，标准工时包括（　　）。

A. 直接加工操作必不可少的时间　　B. 必要的工间休息

C. 调整设备时间　　D. 不可避免的废品耗用工时

23. 下列标准成本差异中，通常应由生产部门负责的有（　　）。

A. 直接材料的价格差异　　B. 直接人工的效率差异

C. 直接人工的工资率差异　　D. 变动制造费用的效率差异

24. 可以套用“用量差异”和“价格差异”模式的成本项目有（　　）。

A. 直接材料　B. 直接人工　C. 变动制造费用　D. 固定制造费用

25. 在材料成本差异分析中，（　　）。

A. 价格差异的大小是由价格脱离标准的程度以及实际采购量高低所决定的

B. 价格差异的大小是由价格脱离标准的程度以及标准用量高低所决定的

C. 数量差异的大小是由实际用量脱离标准的程度以及标准价格高低所决定的

D. 价格差异的大小是由价格脱离标准的程度以及实际消耗量高低所决定的

26. 固定制造费用的三差异是指（　　）。

A. 效率差异　B. 耗用差异　C. 能力差异　D. 开支差异

27. 下列关于固定制造费用差异的表述中，正确的有（　　）。

A. 在考核固定制造费用的耗费水平时应以预算数作为标准，不管业务量增加或减少，只要实际数额超过预算即视为耗费过多

B. 固定制造费用闲置能量差异是生产能量与实际产量的标准工时之差与固定制造费用标准分配率的乘积

C. 固定制造费用能量差异的高低取决于两个因素，即生产能量是否被充分利用以及已利用生产能量的工作效率

D. 固定制造费用的闲置能量差异计入存货成本不太合理，最好直接结转本期损益

28. 成本预测的方法包括（　　）。

A. 历史成本法　B. 定性分析法　C. 定量分析法　D. 预测模型法

29. 成本决策时需要考虑的因素有（　　）。

A. 生产能力　B. 市场需求　C. 财务状况　D. 沉没成本

30. 成本计划的制订应该重点考虑（　　）。

A. 生产耗费　B. 市场变化　C. 成本水平　D. 销售策略

三、判断题

1. 在成本预测的高低点法下，一般用历史成本资料中业务量最高和最低两个时期的成本数据为依据进行成本预测。（　　）

2. 采用成本无差别点法进行成本决策时，若业务量大于成本无差别点时，则选固定成本较高的方案，反之，选用固定成本较低的方案。（　　）

3. 在差量损益分析法下，如果差量损益大于零，则代表前一方案优于后一方案，应选择前一方案；如果差量损益小于零，则选择后一方案。（　　）

4. 成本计划是以货币形式预先确定企业在计划期内的产品生产耗费和各种产品的成本水平，以及相应的成本降低水平和为此采取的主要措施的书面方案。（　　）

5. 分级编制成本计划是指先由各车间编制本车间成本计划，再由企业财务部门汇总。（　　）

6. 定额法不仅是一种基本的成本计算方法，还是一种对产品成本进行控制和管理的方法。（ ）

7. 定额变动差异为正，表示月初定额提高数；定额变动差异为负，则表示月初定额降低数。（ ）

8. 在计算月初在产品定额变动差异时，如果是定额提高的差异，则应加入月初在产品的定额成本，同时减少定额变动差异。（ ）

9. 限额法是控制领料，促进用料节约的重要手段，但是它不能完全控制用料。（ ）

10. 差异凭证中的差异是用料差异。（ ）

11. 原材料脱离定额差异是指材料的实际耗用水平与定额耗用水平之间的差异，即材料的量差，不包括原材料的价格差异。（ ）

12. 标准成本是在正常生产经营条件下应该实现的，可以作为控制成本开支、评价实际成本、衡量工作效率的依据和尺度的一种目标成本。（ ）

13. 正常标准成本与现实标准成本不同的是，它需要根据现实情况的变化不断进行修改，而现实标准成本则可以保持较长一段时间固定不变。（ ）

14. 在经济形势变化无常的情况下，最为合适的标准成本是现实标准成本。（ ）

15. 从具体数量上看，正常标准成本大于理想标准成本，但又小于历史平均水平。（ ）

16. 现行标准成本既可以作为评价实际成本的依据，也可以用来对存货和销货成本进行计价。（ ）

17. 材料成本脱离标准的差异、人工成本脱离标准的差异、制造费用脱离标准的差异后，都可以分为“量差”和“价差”两部分。（ ）

18. 标准成本法产生于机械化大生产的时代，它通常适用于大批量稳定生产的企业或产品。（ ）

19. 成本无差别点法是以成本无差别点业务量作为最终的评价指标，根据成本无差别点所确定的业务量范围来决定方案取舍的一种决策方法。（ ）

20. 成本决策通常涉及降低成本，但也涉及增加成本。（ ）

四、业务分析题

业务分析题一

（一）目的：熟悉高低点法的运用。

（二）资料：江南机床厂只生产和销售甲机床，其近5年的产量和历史成本数据如表9-1所示。若计划年度（2025年）产量为200台。

表9-1 甲机床2020—2024年的产量及成本

年度	2020年	2021年	2022年	2023年	2024年
产量/台	40	80	60	50	100
成本总额/元	22 000	29 200	32 400	26 800	46 000

（三）要求：采用高低点法预测江南机床厂 2025 年甲机床的总成本和单位成本。

业务分析题二

（一）目的：熟悉成本决策的无差别点法的运用。

（二）资料：某企业生产 A 种产品，有两种工艺方案可供选择，有关成本数据如表 9-2 所示。

表 9-2　成本数据表　　单位：元

工艺方案	固定成本总额	单位变动成本
新方案	45 000	300
旧方案	30 000	400

（三）要求：根据上述资料，判断该企业应采取哪种方案。

业务分析题三

（一）目的：熟悉新产品开发决策分析。

（二）资料：某企业原来只生产 A 产品，现准备开发新产品 B 或 C，有关成本资料如表 9-3 所示。该企业预计 B、C 产品销路不成问题，但由于生产能力有限，只允许在其中选一种产品投产。假设生产 B、C 产品要求都必须追加成本支出，购置专用工具，价值分别为 1 000 元和 5 000 元。

表 9-3　有关成本资料　　金额单位：元

项目	A 产品	B 产品	C 产品
产销量 / 件	4 000	200	1 000
单价	10	40	15
单位变动成本	4	20.5	9
固定成本	20 000		

（三）要求：根据上述资料，作出应生产哪种新产品的决策。

业务分析题四

（一）目的：熟悉亏损产品是否停产的决策分析。

（二）资料：某公司生产甲、乙、丙三种产品，其中丙产品为亏损产品，有关企业产品资料如表 9-4 所示。

表 9-4　企业产品资料　　单位：元

项目	甲产品	乙产品	丙产品	合计
销售收入	30 000	20 000	25 000	75 000
减：变动成本	21 000	10 000	20 000	51 000
贡献边际	9 000	10 000	5 000	24 000
减：固定成本	7 200	4 800	6 000	18 000
利润	1 800	5 200	−1 000	6 000

注：固定成本按照销售收入比例分摊。

（三）要求：如果亏损产品停产后，该公司的闲置能力不能用于其他方面，那么丙产品是否应该停产？

业务分析题五

（一）目的：熟悉零部件自制或外购的决策分析。

（二）资料：江南电机厂股份有限公司每年需用 A 零件 2 000 件，原有金工车间组织生产，年总成本为 19 000 元，其中，固定生产成本为 7 000 元。如果改成在市场上采购，单价为 8 元，同时将剩余生产能力用于加工 B 零件，可节约外购成本 2 000 元。

（三）要求：为企业作出自制或外购 A 零件的决策。

业务分析题六

（一）目的：熟悉定额成本制度的运用。

（二）资料：某企业以定额成本法计算甲产品的成本，甲产品的原材料定额成本 2024 年 9 月 1 日为每件产品 94 元，10 月 1 日修订为 120 元，10 月 20 日又修订为 110 元。10 月初在产品投料 50 件，定额差异超支 190 元。10 月 5 日投料 300 件，材料计划成本为 37 200 元，10 月 22 日又投料 200 件，材料计划成本为 22 590 元，本月完工 400 件，月末在产品 150 件。材料成本差异为节约 1%，定额差异和定额变动由产成品和月末在产品共同负担，材料成本差异全部由产成品负担。

（三）要求：编制表格以计算直接材料成本项目的完工产品成本和月末在产品成本。

业务分析题七

（一）目的：进一步熟悉直接材料定额成本法的计算。

（二）资料：某公司采用定额法计算甲产品成本，2024 年有关甲产品材料成本如下：

7 月 1 日材料定额成本 20 元。

8 月 1 日材料定额成本 18 元。

7 月末在产品结存 3 500 件，材料定额成本为 70 000 元，无定额差异和定额变动。

8 月份投产 16 500 件，实际材料费用 300 000 元。

8 月份完工甲产品 20 000 件，月末无在产品。

（三）要求：

1. 计算月初在产品定额变动差异。
2. 计算 8 月份脱离定额差异（材料成本差异并入脱离定额差异计算）。
3. 计算 8 月份完工 20 000 件甲产品的实际材料成本。

以上计算均要列出计算式。

业务分析题八

（一）目的：练习价格差异、数量差异、成本差异以及固定性制造费用的三因素分析法。

（二）资料：某公司生产甲产品需使用一种直接材料 A，本期生产甲产品 1 000 件，耗用 A 材料 9 000 千克，A 材料的实际价格为 200 元 / 千克。假设 A 材料计划价格为 210 元 / 千克。单位甲产品标准用量为 10 千克。

（三）要求：

1. 计算 A 材料的价格差异。

2. 计算 A 材料的数量差异。

3. 计算 A 材料的成本差异。

4. 如果固定性制造费用的预算差异为 +2 000 元，生产能力利用差异为 –580 元，效率差异为 +1 000 元，计算固定性制造费用的能量差异、耗费差异和总差异。

业务分析题九

（一）目的：训练变动制造费用和固定制造费用的各项指标。

（二）资料：某企业甲产品单位工时标准为 2 小时 / 件，标准变动制造费用分配率为 5 元 / 小时，标准固定制造费用分配率为 8 元 / 小时。本月预算产量为 10 000 件，实际产量为 12 000 件，实际工时为 21 600 小时，实际变动制造费用与固定制造费用分别为 110 160 元和 250 000 元。

（三）要求：计算下列各项指标。

1. 单位产品的变动制造费用标准成本。

2. 单位产品的固定制造费用标准成本。

3. 变动制造费用效率差异。

4. 变动制造费用分配率（耗费）差异。

5. 两差异法下的固定制造费用耗费差异。

6. 两差异法下的固定制造费用能量差异。

五、Excel 应用实操题

华北工业公司生产甲、乙两种产品，共同耗用 A、B、C 三种直接材料。A 材料的价格标准为 50 元 / 千克，用量标准为 5 千克 / 件；B 材料的价格标准为 45 元 / 千克，用量标准为 2 千克 / 件；C 材料的价格标准为 60 元 / 千克，用量标准为 3 千克 / 件。甲、乙两种产品对 A、B、C 三种直接材料的耗用比例为 3∶2。

请使用 Excel 工具分别计算出甲产品和乙产品的直接材料标准成本。

主编简介

柯于珍，江西财经职业学院教授，江西省高等学校教学名师，江西省高等学校中青年骨干教师，职业教育国家在线精品课程“成本核算与管理”负责人，江西省优秀教学团队负责人。

从事财务会计类专业的教学和管理工作30余年，具有较强的教研、科研和教改能力。主编教材5部，其中3部获江西省高校优秀教材二等奖；主持或参与省级教改课题5项；公开发表论文20余篇；曾获“全国职业院校信息化教学大赛”一等奖、江西省教学成果一等奖。

谭婧，江西财经职业学院副教授，中级双师型教师，中青年骨干教师。职业教育国家在线精品课程“成本核算与管理”与国家精品资源共享课“成本核算实务”的主讲教师；省级精品资源共享课“财税信息化”的负责人；公开发表论文22篇，参编教材5本。曾获全国职业院校信息化教学大赛、江西省高等学校优秀多媒体教学课件比赛一等奖各1项；江西省教学成果奖二等奖1项；被评为江西省大学生科技创新与职业技能竞赛会计专业技能赛专科组一等奖优秀指导教师。

读者意见反馈

为收集对教材的意见建议，进一步完善教材编写并做好服务工作，读者可将对本教材的意见建议通过如下渠道反馈至我社。

咨询电话 400-810-0598

反馈邮箱 gjdzfwb@pub.hep.cn

通信地址 北京市朝阳区惠新东街4号富盛大厦1座
高等教育出版社总编辑办公室

邮政编码 100029

防伪查询说明

用户购书后刮开封底防伪涂层，使用手机微信等软件扫描二维码，会跳转至防伪查询网页，获得所购图书详细信息。

防伪客服电话 （010）58582300

网络增值服务使用说明

授课教师如需获取本书配套教辅资源，请登录“高等教育出版社产品信息检索系统”（xuanshu.hep.com.cn），搜索本书并下载资源。首次使用本系统的用户，请先注册并进行教师资格认证。

高教社高职会计教师交流及资源服务 QQ 群（在其中之一即可，请勿重复加入）：
QQ3 群：675544928　QQ2 群：708994051（已满）　QQ1 群：229393181（已满）